LE CAHIER D'ACTIVITÉS JULIEN LEPERS

LES FAUTES DE FRANÇAIS

Jouons ensemble pour ne plus en faire !

Michel LAFON

Un jeu pour moi

J'ai longtemps eu peur de la langue française. Ma famille et mes professeurs lui manifestaient le respect qu'on doit, par exemple, à une aïeule tatillonne et capricieuse. Ils m'enseignèrent qu'il ne fallait pas la brusquer, qu'un rien l'ébouriffait, qu'un pataquès, un pléonasme, un mauvais accord du participe passé suffisaient à la vexer. Ils m'ont ainsi inculqué, sans que je m'en aperçoive, ce *je ne sais quoi* qui me fait frémir quand je l'entends maltraiter. Hélas ! ils m'ont aussi transmis l'angoisse de me prendre les pieds – ou plutôt la langue – dans les exceptions et les incohérences qui en compliquent l'emploi.

Certains jours, la langue française est belle comme une princesse. Elle donne subitement envie de jouer avec les mots, de les tordre doucement comme des rubans, de les faire rouler dans la bouche comme des bonbons, comme des baisers. Et d'autres, elle ressemble à un vieux pruneau plissé de lubies, ratatiné sur ses contradictions et confit dans les aberrations de son histoire.

Dans *Les Fautes de français ? Plus jamais !* j'ai raconté mon parcours de mauvais parleur qui tente de s'amender, qui n'y parvient pas toujours mais qui, dans tous les cas, s'émerveille de découvrir la raison d'être des bons usages.

Quel bonheur de savoir que vous avez été si nombreux à m'encourager !

Quelle satisfaction d'entendre le M. Météo de la radio annoncer des températures *basses* ou *élevées*, alors qu'il les qualifiait, avant la publication de mon livre, de *froides* ou *chaudes* ! Quel plaisir de me sentir moins ignorant pour débattre avec vous de telle ou telle formule.

Débusquer les chausse-trapes de la langue, trouver l'harmonie juste des mots, des accords et des idées : c'est devenu – cela ne vous surprendra pas – un jeu pour moi.

C'est pourquoi je vous propose aujourd'hui de jouer avec la langue française… Nous vivons avec elle : autant nous en faire une amie. Elle nous tend des pièges, apprenons à les repérer. Elle nous offre des trésors : sachons les trouver. Oublions nos complexes, nos doutes et nos hésitations, et vive la langue française !

Julien LEPERS

À vous de compléter · Cherchez l'erreur · Intox ou info ? · Quiz · L'anecdote · Entre nous...

Sommaire

Quand chaque lettre compte

Petits, nous allons au *pestacle* voir des *disonaures* et des *crocrodiles*... Devenus grands, tâchons de ne pas retirer ou ajouter, non plus qu'inverser, les lettres qui forment les mots !

HALTE À L'INTIMIDATION !

Il est parfois difficile de mettre en doute un propos asséné avec assurance par quelque docte expert. Ne nous laissons pas impressionner ! Ce n'est pas parce que le comptable nous parle de *rénumération* qu'il nous faut renoncer à la *rémunération* dont nous avions souvenir...

APPROFONDISSONS...

À Athènes, à l'ouest de l'Acropole, l'aréopage désignait une colline consacrée à Arès, le dieu de la guerre et de la destruction. Un groupe d'hommes intègres y tenait conseil et prenait des décisions de justice. Par extension, *aréopage* est un groupe réuni en une circonstance un peu solennelle. Le mot vient donc de *Arès*, et non, comme *aéroport*, de *aeros*, qui veut dire « air ».

C'est vous le prof !

À une lettre près, à une inversion près, c'est le bon mot. Saurez-vous déjouer les pièges ?

1. Il faudrait mieux qu'il poursuive ses études. ....
2. Ces créatures antidiluviennes l'ont toujours fasciné. ....
3. Tous les mots étrangers sont signalés par un astérix. ....
4. Ce poème est tout emprunt de nostalgie. ....
5. Il a trop dépensé : son compte est déféficitaire. ....
6. Il noie toujours le poisson avec de multiples disgressions. ....
7. Rester et mourir ? Partir et se perdre ? Tel était son dilemne. ....
8. À l'aéroport, un aéropage d'officiels attendait le président. ....

Faites le tri !

À un mot correspond un verbe ou une locution. Quels sont les intrus ?

1. Erreur, induire, enduire.
2. Fouilles, mettre à jour, mettre au jour.
3. Conclusion, en définitif, en définitive.
4. Oreilles, rabattre, rebattre.
5. Rapidité, tour de main, tournemain.
6. Candidat, en liste, en lice.
7. Soucis, pécuniers, pécuniaires.
8. Santé, recouvrir, recouvrer.
9. Minauder, affection, affectation.
10. Tristesse, infliger, affliger.
11. Sous-entendu, allusion, illusion.
12. Brûler, consommer, consumer.
13. Hiéroglyphes, déchiffrer, défricher.
14. Dégât, avanie, avarie.
15. Lien, insoluble, indissoluble.

L'ORIGINE DU MAL

Saurez-vous retrouver la source de ces erreurs communes ?

Exemple :
rénumération *pour* rémunération *à cause de* numéro.

1. Hynoptiser *pour* hypnotiser *à cause de* . . . .
. . . .
2. Obélixe *pour* obélisque *à cause de* . . . .
3. Carapaçonné *pour* caparaçonné *à cause de* . . . . .
. . . .
4. Frustre *pour* fruste *à cause de* . . . .
5. Contreverse *pour* controverse *à cause de* . . . .
. . . .
6. Fleurissant *pour* florissant *à cause de* . . . .
7. Infractus *pour* infarctus *à cause de*. . . . .

Les prononciations erronées

Pour vous rafraîchir la mémoire, reliez chaque phrase avec le bon mot !

1. Quand on absorbe une substance, on procède à une :
   a. absorbtion
   b. absorption
2. Après cette violente tempête, mon toit est :
   a. ondommagé
   b. endommagé
3. Une quantité minuscule est :
   a. infinidécimale
   b. infinitésimale
4. Une idée peut nous obséder jusqu'à nous :
   a. obnubiler
   b. obnibuler
5. Des rumeurs mensongères ont jeté sur elle :
   a. l'opprobe
   b. l'opprobre
6. Il a appris tant de choses au cours de ses :
   a. périgrinations
   b. pérégrinations
7. Quand on se lève la nuit sans en être conscient, on est :
   a. somnambule
   b. sobnambule
8. De ce grave accident, il est sorti :
   a. indemme
   b. indemne

Les ressemblances trompeuses

Les paronymes jouent avec nos nerfs : sans être strictement identiques, comme les homonymes, ils se ressemblent, mais n'ont pas la même signification. Des faux jumeaux, en somme…

Merci, Professeur !

« Comment pouvez-vous confondre *inclinaison* et *inclination*, me demande Georgette L., de Fécamp ? Le premier signifie que vous penchez, le second que vous tendez vers quelque chose. Cessez de vous égarer et manifestez un peu d'*inclination* pour le beau langage ! » Et toc !

Les fausses similitudes

Un rien peut prêter à confusion… Vérifiez-le en trouvant le mot juste pour chaque phrase !

1. Si vous prenez la carte d'un parti politique, il s'agit d'une :
- **a.** adhérence
- **b.** adhésion

2. Le whisky est une boisson :
- **a.** alcoolique
- **b.** alcoolisée

3. Vos concurrents ont passé un accord secret ; il y a :
- **a.** collision
- **b.** collusion

4. Einstein était un grand savant. C'était un scientifique :
- **a.** éminent
- **b.** imminent

5. Les oiseaux migrateurs se dirigent vers le sud pour :
- **a.** hiberner
- **b.** hiverner

6. La date limite de consommation est dépassée ; il y a :
- **a.** préemption
- **b.** péremption

7. On procède à des travaux sur la voie pour réaliser :
- **a.** un prolongement
- **b.** une prolongation

8. Cette viande est excellente. Vous en appréciez la :
- **a.** tendreté
- **b.** tendresse

INTOX ou INFO ?

1. Quand il renonça à sa religion, Henri IV l'*adjura*. ☐ vrai ☐ faux
2. Quand on insulte quelqu'un, on l'*agonit* d'injures. ☐ vrai ☐ faux
3. Vous allez devoir *emménager* votre nouvel appartement. ☐ vrai ☐ faux
4. Un journal qui paraît deux fois par mois est un *bimestriel*. ☐ vrai ☐ faux
5. Un cambrioleur entre chez vous par *effraction*. ☐ vrai ☐ faux
6. Quand on fait appel à sa mémoire, on *invoque* un souvenir. ☐ vrai ☐ faux
7. Le dentiste soigne votre *dentition*. ☐ vrai ☐ faux
8. Mozart était un enfant *prodigue*. ☐ vrai ☐ faux

Faites le tri !

Dans ces quatuors s'est glissé un usurpateur. À vous de le démasquer !

1. Aimer, adorer, abhorrer, arborer.
2. Accord, consentement, acception, acceptation.
3. Cerner, limiter, circoncire, circonscrire.
4. Conjecture, conjoncture, hypothèse, supposition.
5. Infecter, infester, contaminer, empoisonner.
6. Désœuvré, inactif, oisif, oiseux.
7. Retrouver, récupérer, recouvrer, recouvrir.
8. Enseignant, éducateur, percepteur, précepteur.

L'anecdote

Lu dans la presse, **à propos d'Elizabeth Taylor et de Richard Burton** : « Leur passion tapageuse alimentera les gazettes autant que les dépenses somptuaires de Liz, ses Rolls et autres bijoux de gros calibre. » La formule « et autres bijoux » n'est pas juste, puisqu'une Rolls-Royce n'est pas un bijou. Et *somptuaire* désigne tout ce qui vise à réglementer les dépenses. On ne peut donc le confondre avec *somptueux*. Deux fautes en trois lignes : s'il a lu cette notice, le pointilleux maître Capello a dû en avoir une attaque ! Quelques lignes plus bas, mon cœur se serre : on annonce le décès de Jacques Capelovici, la même semaine que celui d'Elizabeth Taylor…

À vous de choisir

Affection ou affectation ? Blanchissement ou blanchissage ? Rayez les mentions inutiles !

La décoration qu'il *affleurait / effleurait* souvent du revers de la main *perpétrait / perpétuait* la tradition de cette famille *notoirement / notablement* prestigieuse, *anoblie / ennoblie* depuis longtemps. Un journaliste proposait d'écrire *sa biographie / son autobiographie*, mais il ne voulait pas voir *émerger / immerger* certains éléments de son passé. L'*éruption / irruption* dans sa vie de cet *importun / opportun* aussi *partiel / partial* que *venimeux / vénéneux* le contrariait jusqu'à l'*opprimer / oppresser*. Il allait devoir se faire *prescrire / proscrire* des calmants.

Le mélange des genres

Azalée : féminin ou masculin ? Je crois que le genre des mots est ce qui m'a valu le plus de courrier... Petite revue des mots les plus « piégeux », comme disent nos amis québécois.

CHERCHEZ L'ERREUR

N'est pas féminin qui le paraît, n'est pas masculin qui le semble. Saurez-vous trouver les faussaires ?

1. Une anagramme, une épigramme, une organigramme.
2. Un anathème, un anicroche, un antidote.
3. Une épitaphe, une épithète, une épiderme.
4. Un automate, un autographe, un autoroute.
5. Une échappatoire, un écritoire, un aide-mémoire.
6. Une mappemonde, une hémisphère, un planisphère.
7. Un abîme, un abyme, une abysse.
8. Une tentacule, un termite, un testicule.

ENTRE NOUS...

Parfois, la manière arbitraire dont sont attribués les genres des mots me semble relever de la perversité ou de la pathologie. Certains termes poussent même le vice jusqu'à changer de genre entre le singulier et le pluriel... Et ce n'est même pas exprès !

INTOX ou INFO ?

1. Comme *guerre*, *armistice* est du genre féminin. ☐ vrai ☐ faux
2. Comme *arbre* ou *bois*, *ébène* est du genre masculin. ☐ vrai ☐ faux
3. Comme *parfum*, *effluve* est du genre masculin. ☐ vrai ☐ faux
4. Comme *entretien*, *interview* est du genre masculin. ☐ vrai ☐ faux
5. Contrairement à *personnes*, *gens* est du genre masculin. ☐ vrai ☐ faux
6. Comme *astérisque*, *apostrophe* est du genre masculin. ☐ vrai ☐ faux
7. Comme *note*, *octave* est du féminin. ☐ vrai ☐ faux
8. Comme *scandale*, *esclandre* est du masculin. ☐ vrai ☐ faux

Quiz

Quel est le genre de ces mots ? Attention, certains sont du troisième sexe…

1. **Après-midi**	**a.** masculin	**b.** féminin	**c.** féminin et/ou masculin
2. **Amour**	**a.** masculin	**b.** féminin	**c.** féminin et/ou masculin
3. **Aparté**	**a.** masculin	**b.** féminin	**c.** féminin et/ou masculin
4. **Apogée**	**a.** masculin	**b.** féminin	**c.** féminin et/ou masculin
5. **Espèce**	**a.** masculin	**b.** féminin	**c.** féminin et/ou masculin
6. **Haltère**	**a.** masculin	**b.** féminin	**c.** féminin et/ou masculin
7. **Solde**	**a.** masculin	**b.** féminin	**c.** féminin et/ou masculin
8. **Esclandre**	**a.** masculin	**b.** féminin	**c.** féminin et/ou masculin

À vous de compléter

Un, une ? Le, la ? Cet, cette ? À vous de jouer !

Bénéficiant d'...... remarquable acoustique, l...... superbe abbaye attirait les amateurs de musique. ...... magnifique arabesque ornait la voûte, au-dessus d'...... épitaphe au fondateur du lieu. ...... des évangiles figurait en images sur les murs. ...... icône représentant la Vierge. Comme ...... oriflamme, une lumière éclairait l'autel d'...... ocre qui illuminait ...... oasis de paix. ...... arpège ramena l'assistance à l'imminence du concert.

L'anecdote

Mon ami Roland Magdane, toujours formidable sur scène, écrivit sur le sujet un sketch hilarant dont je ne résiste pas à citer un extrait…

« Pourquoi, dès que c'est *une* galère, c'est tout de suite au féminin ? *La* pluie, *la* neige, *la* grêle, *la* tempête, tout ça, c'est pour vous les filles. Ah ben oui ! Nous, c'est *le* soleil et *le* beau temps, voyez ? Vous n'avez pas de pot : *la* cuisine, *la* bouffe, *la* poussière, *la* pattemouille. Nous, c'est *le* café dans *le* fauteuil avec *le* journal, et ça pourrait être *le* bonheur si vous ne veniez pas nous foutre *la* merde. »

Des proches pas si proches

Responsable, mais pas coupable… L'expression a fait florès. Mais quelles sont les relations réelles qu'entretiennent ces mots qui, souvent, sont associés de façon presque systématique, et pas toujours de façon judicieuse ?

INTOX ou INFO ?

1. Souffrir ou mourir, c'est une alternative. ☐ vrai ☐ faux
2. On admire la cohésion d'une belle démonstration. ☐ vrai ☐ faux
3. Une maladie congénitale se transmet à ses descendants. ☐ vrai ☐ faux
4. Un adulte qui joue aux billes est infantile. ☐ vrai ☐ faux
5. Un critique gastronomique est forcément un gourmet. ☐ vrai ☐ faux
6. Un vin parvenu à sa plénitude est à maturation. ☐ vrai ☐ faux
7. Une crise d'asthme donne la sensation qu'on est oppressé. ☐ vrai ☐ faux
8. En centre-ville, il y a de plus en plus d'espaces pédestres. ☐ vrai ☐ faux

Les confusions confondantes

On les emploie souvent l'un pour l'autre. À vous de faire preuve de précision !

1. Ce prévenu se dit accusé à tort. Il :
   - **a.** assure qu'il est innocent
   - **b.** promet qu'il est innocent
2. Les travaux de Marie Curie sur la radioactivité sont une grande :
   - **a.** invention
   - **b.** découverte
3. La redistribution des richesses répond à un souci :
   - **a.** d'égalité
   - **b.** d'équité
4. En attendant d'emménager, vous habitez chez un ami. C'est une solution :
   - **a.** éphémère
   - **b.** provisoire
5. Les affrontements dans ce pays vous inquiètent. Vous redoutez une :
   - **a.** gradation de la violence
   - **b.** graduation de la violence
6. Cette jeune femme ne sait ni lire ni écrire. Elle est :
   - **a.** illettrée
   - **b.** analphabète
7. Vous avez dévoré la Bible. Vous l'avez lue dans son :
   - **a.** intégralité
   - **b.** intégrité
8. Roméo et Juliette éprouvaient une passion :
   - **a.** réciproque
   - **b.** mutuelle

DICO EXPRESS

1. Ce fait est envisageable, il est même ....
2. Ce qui est similaire, mais pas identique, est ....
3. Au soleil de la Martinique, votre peau est ....
4. Ce château date du Moyen Âge. C'est donc un château ....
5. On raconte beaucoup de mensonges sur son compte. C'est de la ....
6. Ces gens détestent les étrangers. Ils sont ....
7. Ce qui laisse passer la lumière sans qu'on puisse voir au travers est............
8. À six mois, l'embryon est considéré comme ....

ENTRE NOUS...

Je suis le premier à hésiter entre ces Faux Frères qui semblent se jouer de nous... *Démythifier* ou *démystifier* ? J'ai toujours un doute. Quant à nos politiques, qui manient *équité* et *égalité* avec beaucoup d'assurance, je ne suis pas sûr parfois qu'ils maîtrisent la nuance...

À vous de choisir

Officieux ou officiel ? Partial ou partiel ? Saurez-vous trouver le mot juste ?

Marie gara sa *nouvelle / neuve* voiture et pénétra dans le tribunal. *Entre / parmi* tous ces gens, elle était impressionnée par l'appareil *juridique / judiciaire*, qu'elle espérait point trop *partiel / partial*. Pour convaincre le jury, il faudrait avoir une démarche *rationnelle / raisonnable*. Le juge serait-il sensible à la *justice / justesse* de ses arguments ? La relaxe lui semblerait *légitime / légale*. Le cas échéant, elle *dédicacerait / dédierait* sa victoire à ses amis, dont la *prévenance / prévoyance* l'avait émue. Mais il lui fallait attendre pour avoir un *motif / mobile* de se réjouir.

L'anecdote

Ravaillac est-il le *meurtrier* d'Henri IV ou son *assassin* ? Landru a-t-il commis des *meurtres* ou des *homicides* ? Mark David Chapman a-t-il commis un *assassinat* ou un *meurtre* sur la personne de John Lennon ? Le recours à mon dictionnaire préféré m'est salutaire...

Homicide dérive du latin *homo*, homme, et de *caedo*, couper, tailler en pièces. Il désigne donc le fait de causer la mort d'autrui, volontairement ou involontairement. On commet un *meurtre* en tuant quelqu'un à dessein, un *assassinat* si, de surcroît, le meurtre a été prémédité. Mais on peut aussi se montrer bienveillant avec ses frères en humanité !

Le Meccano des verbes

Le verbe est le moteur de la phrase. C'est une mécanique de précision qui lui donne sa dynamique, la fait avancer. Il faut donc le respecter, pour éviter les sorties de route. Il ne doit pas être maltraité ni assemblé n'importe comment…

Merci, Professeur !

Ressortir de ou *ressortir à* ? Le *Bescherelle* (du nom du grammairien du xixe siècle Louis-Nicolas Bescherelle) nous éclaire : le premier est du 3e groupe (*ressortant*), le second du 2e groupe (*ressortissant*). Exemple : « Trois jours plus tard, je *ressortis* du tribunal ; mon affaire ne *ressortissant* pas à cette juridiction. »

Les curiosités de construction

Ils changent de signification selon la construction ou le mode. Sélectionnez quelle option correspond au sens !

1. La diva a donné un récital magnifique. Vous :
   - **a.** applaudissez sa prestation
   - **b.** applaudissez à sa prestation
2. Les négociateurs avancent dans leurs pourparlers. Ils :
   - **a.** ont convenu de se revoir prochainement
   - **b.** sont convenus de se revoir prochainement
3. Vous faites livrer des fleurs en remerciement d'un service. Cela :
   - **a.** procède du savoir-vivre
   - **b.** procède au savoir-vivre
4. Le prestataire demande une avance. Vous :
   - **a.** répondez à son honnêteté
   - **b.** répondez de son honnêteté
5. Vos enfants sont gentils avec leurs grands-parents. Ils :
   - **a.** leur témoignent un grand respect
   - **b.** leur témoignent d'un grand respect
6. Ce livre est passionnant. Il :
   - **a.** traite les problèmes contemporains
   - **b.** traite des problèmes contemporains
7. Votre fils a eu une mauvaise note en mathématiques. Vous :
   - **a.** admettez que le problème est difficile
   - **b.** admettez que le problème soit difficile
8. Cet exposé vous paraît incomplet. Vous :
   - **a.** allez ajouter une conclusion
   - **b.** allez rajouter une conclusion

C'est vous le prof !

Pauvres verbes ! Quels tourments ne leur inflige-t-on pas ? À vous de les sauver !

1. Les témoins attestent de l'innocence du prévenu. ....
2. Même quand il a tort, il ne se départit pas de son assurance. ....
3. Après le tsunami, ces pauvres gens ont dû repartir à zéro. ....
4. Tout le monde, aujourd'hui, se pique d'écologique. ....
5. Après son bac, il rentre à la faculté. ....
6. Le cinéma de quartier a réouvert ses portes. ....
7. Nous vous sommes gré de votre gentillesse. ....
8. Cet acteur a toujours privilégié le théâtre au cinéma. ....

L'anecdote

Un ami, Frédéric, me fait une remarque malicieuse : « En 1980, tu as été complice d'une faute que tu dénonces. » Et de me tendre les paroles de la chanson *Pour le plaisir* dont j'ai composé la musique. Nous avons vendu deux millions et demi de ce disque d'Herbert Léonard sur lequel figure un fâcheux « *Préférer* être bien dans sa peau *que* sourire » ! J'assume l'erreur : je l'ai tellement entendu glisser sur l'ivoire de mon clavier, ce *préférer... que* ! À la longue, il ne m'a plus choqué. Ainsi vont les fautes de français : elles prospèrent sur le terreau de notre accoutumance.

Faites le tri !

Ils sont intransitifs, mais employés transitivement de façon erronée, ou l'inverse. À vous de les trouver !

1. Commencer, démarrer, débuter.
2. Fusionner, réunir, unifier.
3. Manger, engloutir, bâfrer.
4. Déblatérer, éructer, hurler.
5. Pallier, remédier, parer.
6. Se rappeler, se souvenir, se remémorer.

À vous de compléter

D'après le sens, saurez-vous établir la bonne construction, les bons modes et temps ?

Dès son entrée, il a commencé ...... m'énerver. Il a commencé ...... faire le tour de l'assistance, puis a dit qu'il avait plaisir ...... nous voir et le plaisir ...... nous présenter sa fiancée. Je ...... avais défendu de venir, après ...... avoir défendu au tribunal, mais il voulait participer ...... la fête, qui participait ...... la longue amitié du groupe. Il a donc fini ...... s'imposer, et, dès qu'il a eu fini ...... saluer tout le monde, il a pensé ...... me faire des excuses pour avoir pensé ...... braver mon interdiction.

La ronde des pléonasmes

« Voire même »… Cette faute-là, j'ai juré depuis longtemps que je ne la ferais jamais. Mais des pléonasmes, j'en entends de mes oreilles et j'en vois de mes yeux chaque jour. Tiens, en voilà deux en une seule phrase !

CHERCHEZ L'ERREUR

Certaines de ces expressions courantes sont des pléonasmes. À vous de les dénicher !

1. Une erreur involontaire ; un homicide involontaire ; une méprise involontaire.
2. Un sujet d'avenir ; un projet d'avenir ; une question d'avenir.
3. Un collège universitaire ; un campus universitaire ; un diplôme universitaire.
4. Un don gratuit ; un échantillon gratuit ; une supposition gratuite.
5. Un rire sonore ; un bip sonore ; un signal sonore.
6. Une égalité parfaite ; une beauté parfaite ; un crime parfait.
7. Une brève rencontre ; une brève allocution ; un bref résumé.
8. Venir à l'improviste ; surprendre à l'improviste ; attaquer à l'improviste.

C'est vous le prof !

Ces phrases comportent toutes un pléonasme. Saurez-vous y remédier ?

1. À force de marcher à pied des heures durant, ils ont eu des ampoules. ....
2. Il est de notoriété publique que cet homme est un débauché. ....
3. La politique du tri sélectif est de plus en plus respectée. ....
4. Cette proposition a provoqué un tollé général. ....
5. Le bien-être ne doit pas être l'apanage exclusif d'une élite. ....
6. Le charlatan prétend que son sirop est la panacée universelle. ....
7. Il a assommé son auditoire avec sa logorrhée verbale. ....
8. Cette fois, tu as vraiment trop abusé ! ....

Quiz

Ils n'admettent pas tous les compagnons. À vous de dénoncer les faux amis…

1. Monter	**a.** en courant	**b.** en haut	**c.** en sautant
2. Prévenir	**a.** à l'avance	**b.** par courrier	**c.** deux jours avant
3. Collaborer	**a.** ponctuellement	**b.** longtemps	**c.** ensemble
4. Un détail	**a.** insignifiant	**b.** petit	**c.** curieux
5. Une priorité	**a.** première	**b.** absolue	**c.** évidente
6. Un taux	**a.** de suicides	**b.** d'alcoolémie	**c.** sanguin
7. Mais	**a.** jamais	**b.** cependant	**c.** souvent
8. Comme	**a.** parfois	**b.** éventuellement	**c.** par exemple

À vous de dégraisser

Dans le texte qui suit, saurez-vous débusquer les mots inutiles et faire la chasse aux pléonasmes ?

Les chefs de gouvernements se seraient concertés ensemble pour différer à plus tard l'abolition totale des monopoles exclusifs. Tenté de claquer bruyamment la porte, le délégué de la France a cependant reconnu que, face à la conjoncture actuelle, les pays européens devaient s'entraider mutuellement. Enfin, pour conclure, les congressistes tous unanimes ont décidé d'inaugurer l'ouverture de nouvelles négociations qui permettront, sans faux prétexte, d'achever complètement le processus.

ÇA NE S'INVENTE PAS !

George Bush Jr, président américain resté dans les mémoires pour sa maîtrise de la langue, s'insurgea jadis contre le fait qu'un trop grand nombre d'importations « venaient de l'étranger ». Et d'où auraient-elles pu venir ? Son pléonasme fait encore rire…

L'anecdote

« **Cher Julien**, à l'occasion de cette nouvelle année, je vous souhaite mes meilleurs vœux », m'écrit un ami. Heureuse période où chacun souhaite aux autres le meilleur de la vie… Mais que me souhaite ce correspondant, au fait ? Il me souhaite… ses vœux ! Je crois que j'aurais préféré la santé, le bonheur, la longévité, le succès… En effet, *vœu* est quasi synonyme de *souhait*. Souhaiter ses vœux revient à donc souhaiter des souhaits…

Les envahisseurs et les absents

Souvent, la complication donne l'illusion du raffinement. Quelle erreur ! En matière d'expression, la simplicité est généralement synonyme de fluidité et de clarté. En revanche, il ne faut pas créer des ambiguïtés sous prétexte de faire court…

C'est vous le prof !

Les mots superflus se glissent par habitude dans nos phrases. Et si vous les en expulsiez ?

1. Ce film a attiré 200 000 spectateurs au grand maximum.
2. Ma mère m'a avertie comme quoi elle viendrait dimanche.
3. Je ne réussirai pas sans qu'on ne me vienne en aide.
4. Elle est très fatiguée. Elle travaille de trop.
5. Il ne veut pas le reconnaître, mais c'est de sa faute.
6. Le problème semble être plus complexe que prévu.

Merci, Professeur !

Gisèle, de Castellar, dans les Alpes-Maritimes, me reproche d'avoir parlé de « deux jumeaux ». Chère Gisèle, *jumeau* signifie « né du même accouchement qu'un autre enfant ». Le mot s'applique donc aussi à des triplés, des quadruplés, etc.

Quiz

Deux formulations pour une même idée. Mais une seule est correcte !

1. Cet ami est un homme sûr et fidèle :
- **a.** Il vient chaque fois à vos appels.
- **b.** Il vient à chaque fois à vos appels.

2. Il n'a cessé de pleuvoir cet été :
- **a.** Il n'a fait que de pleuvoir.
- **b.** Il n'a fait que pleuvoir.

3. Vous arrivez au restaurant. Vous demandez :
- **a.** Auriez-vous une table libre ?
- **b.** Auriez-vous une table de libre ?

4. Ces élèves sont décevants. Sur la classe :
- **a.** Il y en a trois bons.
- **b.** Il y en a trois de bons.

5. Jules a vu trois films :
- **a.** Il n'y avait que le dernier intéressant.
- **b.** Il n'y avait que le dernier d'intéressant.

6. C'est une bonne collaboratrice :
- **a.** Elle se révèle comme compétente.
- **b.** Elle se révèle très compétente.

Les ambiguïtés

Sauriez-vous dire quels sont les deux sens possibles de ces phrases ?

1. Qui cherche Paul ?
   - a. ....
   - b. ....
2. Qui a rencontré Marie ?
   - a. ....
   - b. ....
3. Quel service a appelé Marc ?
   - a. ....
   - b. ....
4. Quel ami a invité Jules ?
   - a. ....
   - b. ....
5. Quand il est rentré, Yann a interrogé son fils.
   - a. ....
   - b. ....
6. En quittant la soirée, un collègue l'a interpellé.
   - a. ....
   - b. ....
7. Le livre que Claude a prêté à Michel l'a passionné.
   - a. ....
   - b. ....
8. Si les spectateurs n'aiment pas les acteurs, ils seront déçus.
   - a. ....
   - b. ....

Droit de suite

Pour chacune des phrases précédentes, imaginez une reformulation selon l'option choisie :

1. C'est Paul qui cherche quelqu'un :

   ....
2. C'est Marie qui a rencontré quelqu'un :

   ....
3. C'est le service qui a appelé Marc.

   ....
4. C'est l'ami qui a invité Jules.

   ....
5. Il s'agit du retour du fils.

   ....
6. C'est lui qui quittait la soirée.

   ....
7. C'est Michel qui est passionné.

   ....
8. Ce sont les acteurs qui seront déçus.

   ....

APPROFONDISSONS...

Attention à ne pas confondre *à ce que* et *à + ce + que* ! Si *je m'attends ~~à ce~~ que, je consens ~~à ce~~ que, je demande ~~à ce~~ que, de façon / de manière ~~à ce~~ que* sont contestables, *je ne m'attendais pas à ce que vous m'avez dit, je ne consens pas à ce que vous proposez* sont parfaitement corrects : *ce* et *que* sont ici pronoms.

Le mic-mac des adverbes

Les adverbes nous sont indispensables pour préciser notre propos, le nuancer. Du moins quand nous les employons à bon escient ! Car, trop souvent, ils alourdissent inutilement la phrase. Et là, *trop*, *souvent* et *inutilement* s'imposent…

INTOX ou INFO ?

Vrai ou faux ? Notez votre réponse en fin de ligne.

1. *Lentement* est synonyme de *doucement.* . . . .
2. *Seulement* est synonyme de *simplement.* . . . .
3. *Beaucoup* se construit comme *très.* . . . . . .
4. *Fort* ne peut remplacer *fortement.* . . . .
5. *Cher* peut remplacer *chèrement.* . . . .
6. *Net* peut remplacer *nettement.* . . . .
7. *Oui* et *si* ne sont pas synonymes. . . . .
8. Dans *ci-contre*, *ci* est mis pour *ici.* . . . . .

L'anecdote

Un professeur des écoles de Bourgoin-Jallieu, dans l'Isère, m'écrit : « Prenez cette phrase : *Il cheminait lentement dans la forêt, écoutant attentivement les oiseaux qui chantaient allègrement.* Supprimez tous les adverbes. Vous obtiendrez : *Il cheminait dans la forêt avec lenteur. Son attention captait le chant allègre des oiseaux.* La phrase n'est-elle pas devenue plus légère, plus fluide ? N'entendez-vous pas, mieux que dans la précédente, les oiseaux gazouiller dans les ramures ? » À n'en pas douter, cher maître.

C'est vous le prof !

On dirait des adjectifs, et ce sont des adverbes. À vous de corriger les fautes !

1. Elle est venue avec ses deux nouveaux-nés. . . . .
2. La polémique n'est pas prête de retomber. . . . .
3. Il a toujours aimé les femmes légères et courtes vêtues. . . . .
4. Cette fois, elle est fine prête pour l'aventure. . . . .
5. Quelques mille personnes ont été intoxiquées. . . . .
6. Ils choisissent les chemins les plus courts possibles. . . . .
7. Elle est toute émue par cette histoire. . . . .
8. Il connaît des gens très hauts placés. . . . .

Nombre de ces formulations peuvent être mises au régime. À vous de les y aider !

À vous de dégraisser

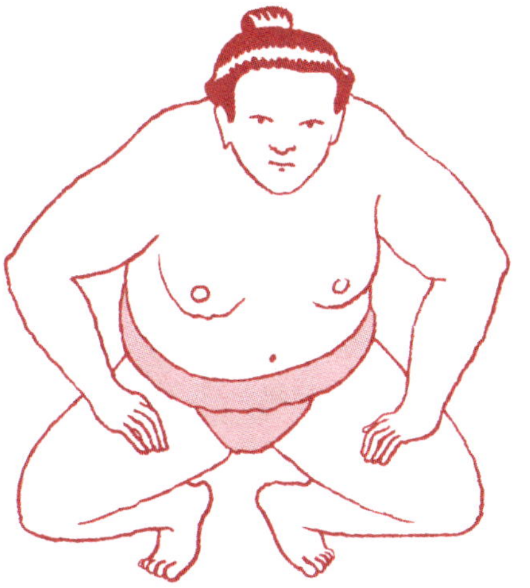

C'était quasiment gagné : l'entraîneur l'avait véritablement aidé à se trouver définitivement, et dès à présent, il pouvait assurément espérer la victoire. Clairement, il était assez fatigué, mais c'était un premier podium possible, et il était fermement décidé à ne pas laisser passer sa chance. Évidemment, sa femme l'applaudissait frénétiquement dans les tribunes, en dépit du froid vif qui devait la geler littéralement sur place. Il était complètement sûr de son amour, qu'elle lui montrait totalement chaque jour.

ENTRE NOUS...

Les adverbes sont les *rikishi* de la langue française (un *rikishi* est un lutteur de sumo, qui métabolise près de dix mille calories par jour, soit l'équivalent d'une quarantaine de hamburgers). Ils la rendent obèse. Mes professeurs de droit me conseillaient d'ailleurs de les éviter, car ils la rendent aussi moins précise et moins percutante.

DIALOGUONS, DIALOGUEZ

Saurez-vous proposer à cet élève une version allégée des pesants adverbes en -ment ?

1. – Il exposera précisément ses idées. Idéalement, elles seront adoptées.
   – . . . .
2. – Cet animal avance extraordinairement lentement.
   – . . . .
3. – Indubitablement, elle affronte courageusement l'épreuve.
   – . . . .
4. – C'est un excessivement bon acteur, qui joue extrêmement bien ce rôle.
   – . . . .
5. – Ces toutes nouvelles propositions imposent indiscutablement une réforme.
   – . . . .
6. – Les règles actuellement appliquées sont faiblement respectées.
   – . . . .
7. – Ce journaliste parle toujours ironiquement des hommes politiques.
   – . . . .
8. – Il écrit longuement sur ce sujet et se place résolument dans l'opposition.
   – . . . .

Le syndrome du perroquet

Confusions, approximations, néologismes aussi *sots que grenus*, non-sens… Avouons que nous avons le chic pour encombrer la langue de scories dont elle se passerait ! Autant de sottises que nous répétons sans nous poser de questions…

Entre nous…

Certaines bizarreries m'exaspèrent. Ainsi le mot *Feignant*, aussi orthographié *Faignant*, dérivé on ne sait comment de *Fainéant*. On parle des rois *Fainéants* pour désigner les Mérovingiens successeurs de Dabogert Ier, et pas des rois *Feignants*…

Faites le tri !

Ils semblent proches, mais ne le sont pas. Démasquez-les !

1. Abattage, abattant, abattoir.
2. Agréable, agrément, agréer.
3. Respect, respectueux, respectivement.
4. Barbarisme, barbarie, barbaresque.
5. Différer, différence, différentiel.
6. Ouvré, ouvert, ouvrable.
7. Luxe, luxure, luxuriance.
8. Obligeant, obligation, obligataire.

Quiz

On se trompe souvent sur leur sens. Saurez-vous le retrouver ?

1. **Ajourner**	a. annuler	b. remettre à plus tard
2. **Naguère**	a. autrefois	b. il n'y a pas longtemps
3. **Derechef**	a. de nouveau	b. immédiatement
4. **Pratiquement**	a. presque	b. dans les faits
5. **Technique**	a. procédé	b. technologie
6. **Primauté**	a. nouveauté	b. prééminence
7. **Second**	a. deuxième	b. deuxième et dernier
8. **Policé**	a. civilisé	b. de la police

INTOX ou INFO ?

1. Comme aïeux, aïeuls désigne les ancêtres. ☐ vrai ☐ faux
2. Autrefois et jadis sont synonymes. ☐ vrai ☐ faux
3. On parle de la gente féminine. ☐ vrai ☐ faux
4. Astronaute, cosmonaute et spationaute sont synonymes. ☐ vrai ☐ faux
5. Un événement stupéfiant vous stupéfait. ☐ vrai ☐ faux
6. On peut amener le dessert. ☐ vrai ☐ faux
7. Le paysan espère une bonne pluviométrie. ☐ vrai ☐ faux
8. L'hiver, les températures sont froides. ☐ vrai ☐ faux

À vous de traduire

Jargon ? Charabia ? Mots surgis du néant ? Saurez-vous rendre ce texte intelligible ?

Son ancien patron n'a pas mis de conditionnalité à son départ. Il a

. . . .

donc pu candidater dans tous les secteurs possibles et inimaginables,

. . . .

en renseignant moult questionnaires. La situation s'est très vite

. . . .

solutionnée, puisqu'il a eu un poste. Il risque de gagner entre deux à

. . . .

trois fois plus ! Depuis qu'il est tout petit, il préfère autant la médecine

. . . .

que la technologie. C'est de ceci dont il m'a parlé au téléphone. On a

. . . .

clôturé la conversation dans la joie !

. . . .

L'anecdote

En 1986, un certain gouvernement pouvait avoir intérêt à faire disparaître dans la nature un encombrant personnage nommé Yves Chalier. Pour qu'il puisse quitter le territoire sous un nom d'emprunt (Navarro !), un faux passeport lui fut remis par les autorités. Ce passeport était donc à la fois faux, puisqu'il rendait possible une usurpation d'identité, et vrai, puisqu'une administration gouvernementale dûment mandatée pour cela l'avait fabriqué. On parla donc d'un vrai-faux passeport. L'expression fit florès, et désormais, quand il s'agit de faux, chacun dit vrai-faux, sans se demander s'il s'agit d'un vrai-faux ou d'un simple faux…

T ouf !

Ou le langage « jeune »

La créativité des jeunes me réjouit. Ils renouvellent, enrichissent, pimentent la langue. Ils ont même inventé le verlan du verlan (*femme* = *meuf* = *feumeu*)… Encore faut-il apprendre ce nouvel idiome !

DICO EXPRESS

Pour ne pas être définitivement traités de relous, à vos dictionnaires (virtuels) !

1. Quelque chose de difficile est ....
2. Un fou rire, c'est une ....
3. Celui qui se drogue ....
4. Une cigarette est une ....
5. Un égoïste est un ....
6. Une femme ou une fille est une ....
7. Un mensonge est un ....
8. Un traître est une ....

ÇA NE S'INVENTE PAS !

Avant de partir en vacances avec ses copains, mon fils me lance : « T'en fais pas, je te 06 très vite ! » 06, comme le préfixe des numéros de lignes mobiles. « Je te 06 » = « Je t'appelle ». Les opérateurs de téléphonie mobile ayant récemment lancé un préfixe 07, je suppose que *06* et *07* sont synonymes.

Quiz

Saurez-vous donner la signification de ces expressions ? Vous avez le droit de vous faire aider de vos enfants…

1. Péta	**a.** voler	**b.** casser
2. T'as trop du mal	**a.** tu es malade	**b.** tu n'es vraiment pas doué
3. Ça passe crème	**a.** c'est facile	**b.** c'est doux
4. Ça déchire grave	**a.** c'est très embêtant	**b.** c'est formidable
5. Tarté (variante : meringué)	**a.** complètement stupide	**b.** bien habillé
6. Trop de la balle	**a.** vraiment nul	**b.** vraiment génial
7. T'es un steak	**a.** tu n'es bon à rien	**b.** tu es très beau
8. Un fax	**a.** une lettre sans importance	**b.** une fille sans poitrine

DIALOGUONS, DIALOGUEZ

On ne dira jamais assez les affres du fossé entre les générations !
Les plus anciens ont besoin de vous dans ce dialogue…

1. – Cela te dirait d'aller manger un hamburger ?

– Trop mortel ! Ça déchire sa race ! ……………………………

2. – Veux-tu qu'on invite aussi tes parents ?

– Mes darons, ils kiffent pas cette crayave. ……………………………

3. – Si tu veux, on ira ensuite voir le dernier film de Spielberg.

– J'le fissure, lui, comment il camère ! ……………………………

4. – L'actrice principale devrait te plaire : elle est très jolie.

– C'est trop de la bebom, cette meuf. Comment elle est stylée ! ……………………………

5. – Et je t'offrirai une glace à l'entracte.

– Ouaille ! Respect, Mamie ! J'ai pus qu'à chuter ……………………………

6. – Et je te donnerai un peu d'argent de poche.

– Cimer, j'te kérave, t'es une vraie kaillera ! ……………………………

7. – Mais il faudrait que tu fasses des efforts à l'école

– Chamné l'école ! J'm'en carre ! Les profs y sont chelous ! ……………………………

8. – Mais tu ne réussiras pas sans diplôme, tu sais…

– J'te chicane, Mamie… J'en ai dans l'disque dur, j'suis pas ouf ! ……………………………

Le langage SMS est parfois un mystère… Saurez-vous déchiffrer ce texte crypté ?

Bjr, T ou ? Sava ? GHT 1 Kdo pr LN (foto), jSpRkt'M pck G péyé pr twa. J'tapLdkej'pe (mnt OQP avec remps). Tu vi1 2m1 à la kaze pr 1 Apro ou 1 Kfé ? Cad avt la fet, C bi1. Rep asap. Rejo1 mwa au rdv d'IR, au trom. Bizz, ab1to.

……………………………

……………………………

……………………………

……………………………

……………………………

Une boutique bien achalandée

Nous prenons parfois la langue à contresens, tel un automobiliste distrait qui s'égare dans la nuit, en attribuant aux mots une signification qui leur est étrangère. Petite revue des vocables qui n'ont pas l'air de ce qu'ils sont…

APPROFONDISSONS…

Une boutique bien *achalandée* n'est pas bien approvisionnée, mais très fréquentée : le vieux mot *chaland* désigne en effet un acheteur, un client, et non la marchandise proposée. Ce qui n'interdit pas à une boutique bien achalandée d'être également bien approvisionnée !

Faites le tri !

Un intrus s'est faufilé dans chacune de ces suites. À vous de le démasquer !

1. Important, capital, conséquent.
2. Coupant, contondant, tranchant.
3. Urbanité, urbanisme, urbanisation.
4. Exaspération, énervement, agacerie.
5. Investir, envahir, occuper.
6. Épurer, purifier, apurer.
7. Décimer, anéantir, exterminer.
8. Vieilli, décharné, décavé.

Quiz

Saurez-vous dire quel est le sens de ces mots ?

1. L'acculturation est :
- **a.** le manque ou la perte de culture
- **b.** l'adaptation à une culture étrangère

2. Un élément que l'on peut couper est :
- **a.** sécable **b.** coupable

3. Une période de dix ans est une :
- **a.** décade **b.** décennie

4. Un visage glabre est :
- **a.** pâle **b.** imberbe

5. Jacques Séguéla est un :
- **a.** publicitaire **b.** publiciste

6. Un cheval caparaçonné est revêtu :
- **a.** d'une protection armée
- **b.** d'un harnais d'ornement

C'est vous le prof !

Ces phrases comportent toutes un contresens. Saurez-vous les remettre dans le droit chemin ?

1. Que d'avatars il a subis durant ses pérégrinations ! ....
2. Il est très généreux, et même prolifique. ....
3. Le boucher ne travaille qu'avec des couteaux bien effilés. ....
4. Il faisait rouler sa mappemonde entre ses doigts distraits… ....
5. Cet humoriste est vraiment inénarrable ! ....
6. Il s'approcha silencieusement et appuya sur la gâchette. ....

Les confusions lexicales

Faux amis, glissements de sens et autres pièges…
À vous de dire le vrai !

1. Il y a des taupes dans votre jardin. Vous ne vous en débarrasserez pas :
   a. sauf à utiliser des produits toxiques
   b. à moins d'utiliser des produits toxiques
2. Vous êtes très gourmande. Vous vous :
   a. accaparez les petits fours
   b. appropriez les petits fours
3. Vous redoutez cette nouvelle tâche qui :
   a. vous échoue
   b. vous échoit
4. Cette histoire est bizarre. Elle vous paraît :
   a. extrêmement trouble
   b. extrêmement glauque
5. Cet écrivain publie un livre à la manière de Marguerite Duras. Il :
   a. la pastiche très bien
   b. la parodie très bien
6. Il n'y a plus de places pour les jeux de Londres. Vous attendrez :
   a. la prochaine olympiade
   b. les prochains jeux Olympiques
7. Il change constamment d'avis. Il est :
   a. des plus velléitaire
   b. des plus valétudinaire
8. Après les pluies diluviennes, l'eau de la mare est :
   a. pour le moins bourbeuse
   b. pour le moins saumâtre

L'anecdote

Sur pied ou sur les pieds ? Le contresens est courant, notamment dans les romans policiers, où force affrontements contraignent tôt ou tard l'un des protagonistes à devoir se remettre… *sur ses* pieds. Ainsi, ai-je lu récemment dans un roman : « Il me saisit par la peau du cou, pour me remettre sur pied. » Non, cher ami, *sur vos* pieds ! Vous n'êtes pas encore si blessé qu'une convalescence s'imposerait pour vous remettre *sur pied* (vous guérir, vous aider à vous rétablir). Il ne s'agit ici que de vous faire retrouver la position verticale !

Metz vaut bien une messe…

Je suis souvent amené à citer des noms géographiques, de France ou d'ailleurs, car mon métier me permet de croiser des gens de toutes provenances. Mais ces noms nous réservent bien des pièges, qu'il n'est pas toujours facile de déjouer !

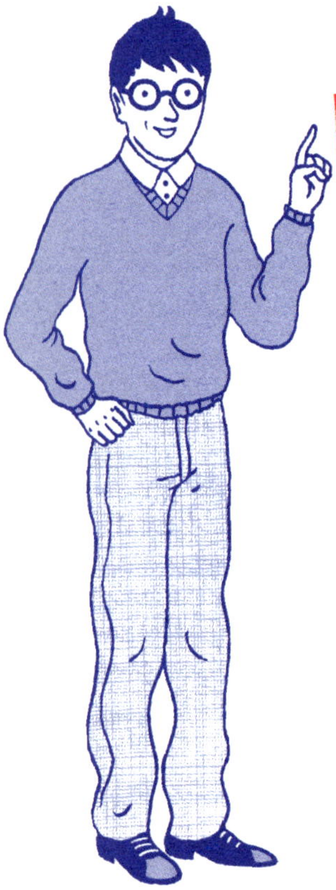

Merci, Professeur !

« La lettre x au milieu des noms propres, m'écrit mon correspondant PHP, sonne presque toujours comme ss, comme dans soixante […]. La même règle se constate pour certains patronymes : Tixier (qui vient de tissier, tisserand), Rouxel (même étymologie que Rousseau), etc. »

Pour désigner les habitants d'un pays, on se sert parfois du terme local : un Azéri, un Koweïti, un Burkinabé. Mais il est aussi possible de franciser ces mots : un Azerbaïdjanais, un Koweïtien, un Burkinabais…

Quiz

Comment prononcez-vous ces noms ? Rarement comme ils s'écrivent…

1. **Metz**	a. Mettz	b. Mez	c. Mess
2. **Bourg-en-Bresse**	a. BourenBress	b. BourkenBress	c. BourgenBress
3. **Enghien**	a. Enguin	b. Enguyin	c. Engien
4. **Auxerre**	a. Aukserr	b. Ausserr	c. Auzer
5. **Bruxelles**	a. Bruksel	b. Bruzel	c. Brussel
6. **Saulxures**	a. Sauksur	b. Saulksur	c. Saussur
7. **Aixe-sur-Vienne**	a. Aiss	b. Aiz	c. Aiks
8. **Israël**	a. Issrael	b. Izrael	c. Itzrael

Les gentilés

Pour ne pas commettre d'impair, mieux vaut choisir le gentilé (nom des habitants) qui correspond au nom de la ville !

1. Vous allez à Angoulême. Vous rencontrez des :
   a. Angoulêmois **b.** Angoumoisins
2. Votre cousin de Bagneux vous rend visite. C'est un :
   a. Bagneusois **b.** Balnéolais
3. Votre fille s'est installée à Corbeil-Essonnes. Elle est désormais :
   a. Corbeillessonnoise **b.** Corbeilloise
4. Votre fils a trouvé un studio à Évreux. Il est :
   a. Évrosien **b.** Ébroïcien
5. On vous propose un poste à Fontainebleau. Vous seriez :
   a. Bellifontain **b.** Fontainiblain
6. Vous rejoignez votre tante à Limoges. Elle est donc :
   a. Limougeoise **b.** Limougeaude
7. Votre oncle de Montélimar passe la nuit chez vous. C'est un vieux :
   a. Montilien **b.** Montélimien
8. Toute la famille déménage à Saint-Denis. Vous serez :
   a. Saindiniens **b.** Dionysiens

DIS-MOI qui tu aimes...

Mon père, Raymond Lepers, pianiste, compositeur et chef d'orchestre accompli, s'adonna au jazz et ne le quitta plus. Il travailla avec des géants : Count Basie, Paul Anka, Lionel Hampton ou Georges Ulmer. Est-ce pour avoir été élevé en musique que les fausses notes de la langue me chatouillent les oreilles ?

À vous de compléter

Saurez-vous retrouver le gentilé correspondant aux pays cités par nos voyageurs ?

Cette belle native (d'Andorre) .... épousa un homme d'affaires (du Costa-Rica) .... Des amis (des Émirats arabes unis) .... les initièrent aux charmes (de la Guinée-Bissau) ...., où ils comptaient s'installer après leur séjour (au Kazakhstan) .... Leur conseiller financier (du Liechtenstein) .... les dissuada d'investir dans l'industrie (du Myanmar) .... Allaient-ils s'offrir un refuge (en Papouasie-Nouvelle-Guinée) .... ou (à Saint-Kitts-et-Nevis) .... ?

Le chérif n'est pas un shérif

Ils se prononcent de la même façon, s'écrivent parfois de la même façon et n'ont pas du tout le même sens (un prince arabe n'est pas un officier de loi américain) : ce sont les homonymes. À l'écrit, ils donnent lieu à de jolies perles qui font sourire… mais qu'il vaut mieux éviter !

DICO EXPRESS

Au pays des homonymes, les confusions sont légion. Saurez-vous les éviter ?

1. Un homme raisonnable est un homme . . . .
2. Une contravention est sanctionnée par une . . . .
3. Un fruit parvenu à maturité est . . . . .
4. Ferme bien le robinet pour éviter qu'il ne . . . .
5. Autrefois, on tirait l'eau du . . . .
6. Pour livrer ses cadeaux, le Père Noël a besoin de ses . . . .
7. Pour laver le sol, la femme de ménage met de l'eau dans un . . . .
8. Quand on fait du camping, on dort sous la . . . .

ÇA NE S'INVENTE PAS !

Lu dans la presse un tantinet surmenée : « Quand on souffre d'une telle maladie, il faut bien vivre avec ces pieds de Damoclès sur la tête. » Ou encore : « En ces temps troublés, l'équipe du candidat n'est pas à prendre avec du pain sec. » Je parierais que les journalistes ont dicté leur papier…

Quiz

À chaque mot cité en correspond un autre. Saurez-vous trouver lequel ?

1. Navire	a. encre	b. ancre
2. Sport	a. golf	b. golfe
3. Musique	a. chœur	b. cœur
4. Tennis	a. cours	b. court
5. Pâtisserie	a. far	b. fart
6. Repos	a. pose	b. pause
7. Travail	a. tâche	b. tache
8. Promenade	a. ballade	b. balade

DIALOGUONS, DIALOGUEZ

On vous envoie des courriels où figurent des erreurs. À vous d'aider votre correspondant !

1. – Je crois que nous ne parviendrons pas à résoudre notre différent.

– Ne s'agirait-il pas plutôt d'un . . . . ?

2. – J'aurais besoin de votre voie pour gagner cette élection.

– Ne préféreriez-vous pas ma . . . . ?

3. – Ma maison donne sur une forêt où chaînes, êtres et noyés pullulent.

– Je te souhaite que ce soient plutôt des . . . . , des . . . . . . et des . . . . !

4. – J'ai appris qu'Attila était le roi des Heins.

– Quel tic de langage ! Je crois surtout qu'il était le roi des . . . .

5. – Il a essayé de me convaincre, mais en vin.

– Tentative de corruption ! À moins qu'il ne l'ait fait en . . . . ?

6. – Savais-tu que Julius joue très bien au volet ?

– Diantre… Moi qui croyais que c'était un champion de . . . . !

À vous de choisir

Certains homonymes sont particulièrement retors… À vous de démêler le vrai du faux !

Cette *session* / *cession* d'examen qu'il était *en train* / *entrain* de passer lui pesait. Sous les *hospices* / *auspices* de son professeur, il avait révisé ses *acquis* / *acquits*, mais cela avait été un vrai *martyr* / *martyre*, et, aujourd'hui, il avait l'impression de passer sur le *gril* / *grill*. Bon gré, *mal gré* / *malgré*, il avait *subit* / *subi* ces épreuves, et il espérait que ses vœux seraient bientôt *exaucés* / *exhaussés*. Dans le *fond* / *fonds*, après le *cahot* / *chaos* des dernières semaines, il mériterait bien de se *délacer* / *délasser* ! Il se sentait tout *décrépi* / *décrépit* : le soleil des vacances lui *halerait* / *hâlerait* le teint…

L'anecdote

En travaillant sur les homonymes, je découvre des pépites dans la correspondance des compagnies d'assurances : « Pour l'instant, je n'ai aucune assurance chez vous, sinon celle de votre considération distinguée. » Ou : « Vous m'aviez annoncé l'envoi d'un avenant. Mais l'agent qui s'est présenté le lendemain n'était guère avenant ! » Mais aussi : « Ayant prononcé quelques invectives à l'encontre de cette conductrice, celle-ci m'a semblé froissée, mais moins que la tôle de ma voiture. » Et enfin : « J'ai oublié de vous préciser que, quand je parle de la cuisinière qui est en panne, il s'agit de la cuisinière à gaz : l'autre est en vacances. » Qui dit mieux ?

Si, ci, s'y ?
La, là, l'a !

Ils portent un nom sévère : les homophones grammaticaux. Ces petits mots ou groupes de mots se prononcent de la même façon (ou presque), mais n'ont pas la même orthographe et diffèrent par le sens. Pas de chance ! Ils jouent un rôle majeur dans l'articulation de la phrase...

Merci, Professeur !

Maguy B., de Lyon, me fait des remontrances : « Dernièrement, vous parliez du *lait* de vache et vous prononciez le *lé*. Ce n'est pourtant pas compliqué ! *É* : la bouche est presque fermée. *È* : la bouche est plus ouverte, les dents à un centimètre de distance. » Maguy a raison ! Mais cela ne m'aide guère à l'écrit pour différencier et, est, ait, haie...

Cherchez l'erreur

À une lettre près, un accent près, ils font illusion. Démasquez-les !

1. Ce monsieur ; ce tromper ; n'est-ce pas ?
2. Il a un chien ; il est a l'heure ; a-t-il des enfants ?
3. Elle et belle ; elle et lui ; et si c'était vrai ?
4. Quand il la vue ; elle est la responsable ; il la surprend toujours.
5. C'est sa maison ; sa se voit, non ? ; tu sais ça.
6. Ceux qui ont gagné ; ceux qui vient ensuite ; ceux qu'il invite.
7. Je ni vais pas ; ce n'est ni mon genre ni le sien ; il ne mange ni ne boit.
8. C'est lui ou moi ; ou vas-tu ? ; blanc ou noir ?

C'est vous le prof !

Ces énoncés comportent une erreur courante. Saurez-vous les corriger ?

1. Quelques soient leurs motifs, je refuse de les entendre. . . . .
2. Il peut-être très gentil, tu sais. . . . .
3. Ne faudrait-il pas plus tôt revenir demain ? . . . .
4. Quoique vous disiez, il restera de marbre. . . . .
5. Quand à lui, il n'est pas d'accord. . . . .
6. Bien qu'elle est raison, il refuse de l'entendre. . . . .

Les homophones grammaticaux

Tout ou tous ? On ou ont ?
Saurez-vous choisir la bonne formule ?

1. Son père lui a fait des compliments. Elle est :
   a. tout émue
   b. toute émue

2. J'ai adressé mes vœux à mes cousins. Ils m'ont :
   a. tous répondu
   b. tout répondu

3. Vous ignorez ce que vos amis pensent de votre achat. Vous :
   a. le leur demandez
   b. le leurs demandez

4. Paul a eu une mauvaise note. Il :
   a. c'est trompé d'énoncé
   b. s'est trompé d'énoncé

5. Vous apercevez votre fils avec une inconnue :
   a. Qu'elle est cette fille ?
   b. Quelle est cette fille ?

6. Il fait gris, il fait froid et il pleut. Vous dites :
   a. On a pas de chance !
   b. On n'a pas de chance !

7. Vous êtes fâché avec votre meilleur ami. Vous lui dites :
   a. Tu m'as beaucoup déçu !
   b. Tu ma beaucoup déçu !

8. Votre fils veut être footballeur. Vous vous exclamez :
   a. Tu nais pas sérieux !
   b. Tu n'es pas sérieux !

L'anecdote

Je ne me lasse pas d'un petit recueil savoureux de Pierre Ferra, *Excusez les parents*. Parmi les lettres (authentiques) publiées, il en est qui nourrissent notre science des homophones… Jugez-en vous-mêmes : « Éric n'*et* pas à l'école car il a une *belle en jean* qui *la* secoué beaucoup. Il *et* encore tout chaud. » Ou : « Pierre *sait* brûlé les *demains* sur la plate chauffante. » Ou encore : « Mon fils n'a pu aller à l'école hier étant pris d'une rage *dedans*. » Et, pour terminer, ce chef-d'œuvre : « Je dois conduire ma petite *à l'oncle Ulysse* car il lui faut des *vers*. » Je vous laisse traduire…

À vous de déchiffrer

Lettres ou chiffres remplacent ici des mots homophones. À vous de trouver lesquels !

Je ne V ……… tout de même pas abattre 7 ……… arbre à la H ………, se dit-il. C ……… bien trop dangereux. Et je l'M ……… beaucoup, 7……… variété, même 6 ……… son ombre me gêne. Je C ……… : au K ……… où il irait plus O ……… encore, je demanderais au pépiniériste. J ……… passerai ce soir. G ……… foi en C ………compétences. Il C ……… que D ……… amateurs peuvent faire D ………bêtises. L'R ……… È ……… doux, ma femme A ……… fait une tarte A ……… la rhubarbe (L ……… C ……… bien cuisiner), restons en P ……. S …… le moment d'abattre 1 …… arbre ? Tu T …… encore débrouillé pour ne rien faire, 10 …… sa femme…

L'album des clichés

Ils sont des lieux *communs*, dans tous les sens du terme : des formules trop usitées, mais aussi un territoire que nous fréquentons tous et que nous nous partageons. Le tout est de ne pas faire un usage immodéré de ces *clichés*...

ENTRE NOUS...

Un producteur me dit : « Je suis *en mode* réflexion pour proposer de nouveaux projets à la direction. » Une assistante proclame : « Je suis *en mode* vacances ! » Et moi, je me sens *en mode* exaspération. Cette locution, issue du vocabulaire informatique (on passait du *mode* PC au *mode* Mac et inversement), s'est peu à peu appliquée à des occupations ou à des états d'âme. Un cliché qui cumule les désagréments du langage jeune, du jargon pseudo-informatique et de la ringardise.

Qui est qui ?

Saurez-vous retrouver à qui ou à quoi se rapportent ces clichés ?

1. La marque au losange
2. La marque aux chevrons
3. La firme à la pomme
4. La firme de Redmond
5. Le locataire de l'Élysée
6. Le locataire de la Maison Blanche
7. Le maître du Kremlin
8. Notre rocker national

À vous de compléter

Même les plus grands consommateurs de clichés butent parfois sur un terme. Rafraîchissez-leur la mémoire !

1. Il fait un temps de . . . .
2. J'ai une fièvre de . . . .
3. Ce pays veut jouer dans la cour . . . .
4. C'est une affaire à . . . .
5. Il a jeté un pavé . . . .
6. Ce jeune homme a le vent . . . .
7. Cet incident n'est que la partie émergée . . . .
8. Le risque zéro . . . .

INTOX ou INFO ?

1. *La perfide Albion* désigne l'Angleterre. ☐ vrai ☐ faux
2. *La Botte désigne l'Espagne.* ☐ vrai ☐ faux
3. *L'empire du Milieu* désigne le Japon. ☐ vrai ☐ faux
4. *Le pays du Soleil-Levant* désigne la Chine. ☐ vrai ☐ faux
5. *Le pays du Matin calme* désigne la Corée. ☐ vrai ☐ faux
6. *La Ville éternelle* désigne Paris. ☐ vrai ☐ faux
7. *La Ville lumière* désigne Rome. ☐ vrai ☐ faux
8. *La cité phocéenne* désigne Marseille. ☐ vrai ☐ faux

L'anecdote

Yann Guégan, auteur sur le site Rue89 d'un article réjouissant consacré aux clichés journalistiques, confie qu'il a convaincu un confrère de remplacer la « cerise sur le gâteau » par un « bigorneau sur le plateau de fruits de mer ». Voilà qui m'enchante ! Et n'oublions pas la proposition attribuée à Gérard de Nerval : « Le premier qui compara la femme à une rose était un poète ; le second était un imbécile. »

LE COMPTE EST BON

Combien de clichés relevez-vous dans ce texte ?

À l'arrivée de la Grand Boucle, où son héros avait caracolé en tête, son sang ne fit qu'un tour quand il eut vent des accusations de dopage. Une question brûlante le taraudait : à qui profitait le crime ? Il fallait calmer le jeu. Ironie de l'histoire, le vainqueur, attendu au tournant, semblait pourtant blanc comme neige. C'était vraiment le Tour de tous les dangers.
Qui avait peur d'Armstrong ? Le lendemain, cerise sur le gâteau : les insinuations n'étaient qu'un pétard mouillé. Chronique d'une victoire annoncée. La balle était maintenant dans le camp des médisants, qui devraient revoir leur copie.

Les mots à la mode

Le propre de la mode, c'est que nous la suivons pour faire comme tout le monde… et qu'elle se démode. Il en est de même en matière de langue : nous empruntons à l'air du temps des expressions faciles que nous continuons à employer quand elles évoquent une autre époque.

Cherchez l'erreur

N'est pas synonyme qui le veut, même si la mode le prétend. Trouvez qui détonne !

1. En fin de compte, en définitive, au final.
2. Viser, cibler, rechercher.
3. Étudier, analyser, décrypter.
4. Dialoguer, discuter, échanger.
5. Pouvoir, être capable de, être en capacité de.
6. Souligner, relever, pointer.
7. Porter, défendre, soutenir.
8. Diviser, opposer, cliver.

Merci, Professeur !

Annie I., de Bordeaux, me gronde : « Pourquoi vous sentez-vous obligé d'utiliser ces formules à la mode qu'on entend partout ? Vous avez exulté, lors de la victoire d'un candidat à votre jeu, en glapissant : "Serge signe sa dixième victoire ! Quel triomphe !" De nos jours, on signe tout et n'importe quoi. » Chère Annie, on peut très bien signer au sens figuré : faire figurer sa marque sur un objet ou une notion abstraite. Je ne me sens donc coupable que d'avoir suivi un courant, une tendance…

Saurez-vous guider Hibernatus dans la jungle des nouveaux mots ?

1. Une passionnée de mode est une ....
2. Un psychologue qui vous aide est un .... personnel.
3. Sur un forum de discussion, vous développez un ....
4. Quand on change de travail facilement, on fait preuve de ....
5. Un beau vieillard toujours actif sexuellement est un ....
6. Un adulte qui joue toujours aux jeux vidéo est un ....
7. Une prestation de luxe, c'est une prestation ....
8. Quand on quitte le domicile de ses parents, on ....

DIALOGUONS, DIALOGUEZ

Petit dialogue entre deux âges : saurez-vous indiquer à votre interlocuteur les formulations à la mode ?

1. **– De mon temps, on disait : Il n'y a pas de problème.**
   – Maintenant, on dit : Y a pas de . . . .
2. **– De mon temps, on disait : Le Président a pris sa décision.**
   – Aujourd'hui, on dit : Il a . . . .
3. **– De mon temps, on disait : Je suis d'accord avec ce qu'il dit.**
   – Aujourd'hui, on dit : Je . . . . (sans complément).
4. **– De mon temps, on disait : Il ne faut pas ostraciser les étrangers.**
   – Aujourd'hui, on dit : Il ne faut pas les . . . .
5. **– De mon temps, on disait : Je vais bien. Pourtant, j'ai des rhumatismes.**
   – Aujourd'hui, on dit : Je vais bien. . . . . , j'ai des rhumatismes.
6. **– De mon temps, on disait : Le gouvernement prévoit une hausse du chômage.**
   – Aujourd'hui, on dit : Il l' . . . .
7. **– De mon temps, on disait : Michael Jackson a sorti un nouvel album.**
   – Aujourd'hui, on dit : Air a sorti un nouvel . . . .
8. **– De mon temps, on disait : Je lis beaucoup de bandes dessinées.**
   – Maintenant, on dit : Je lis beaucoup de . . . .

À vous de traduire

C'est moderne, mais abscons. À vous de rendre ce texte intelligible !

Il veut démissionner. À la fois, il ne sait pas quand. Pour trouver une
. . . .
niche, il faut rester dans la boucle, et ça risque de clasher avec son
. . . .
patron s'il ne traite pas la problématique actuelle dans les délais.
. . . .
D'autant que la croissance négative plombe les finances. C'est clair,
. . . .
son mal-être est en lien avec l'âge : il se sent sénior, y a pas photo. Il
. . . .
faut faire bouger les lignes, point-barre. Il est fatigué de chez fatigué
. . . .
de ces conversations avec ses collègues. Faut pas rêver : l'hyperlocal,
. . . .
c'est carrément HS. Il lui faut établir une feuille de route, dixit son frère.
. . . .
Au final, y a pas de lézard ! . . . .

Messieurs les Anglais...

La mode est à l'anglais, soit. Simplifié, caricatural, il est le nouvel espéranto qui permet d'échanger partout sur la planète. Je n'ai pas d'opposition de principe. Cependant, les emprunts que nous lui faisons me paraissent parfois fort coûteux...

L'anecdote

Hélas ! Le français a perdu la bataille de la langue universelle ! La faute, sans doute, à Napoléon, qui vendit la Louisiane aux États-Unis en 1803. La Louisiane représentait alors plus de 22 % de la surface des États-Unis d'aujourd'hui. Le monde serait-il francophone si l'on avait continué de parler français de l'Arkansas au Montana, du Missouri au Colorado ?

Les anglicismes malvenus

Sélectionnez pour chaque phrase le terme qu'il vaut mieux utiliser.

1. Vous prenez l'avion de Paris à Marseille. C'est un vol :
   a. intérieur
   b. domestique

2. Votre voisin a eu un accident de voiture. Il est :
   a. choqué
   b. traumatisé

3. Votre voyage est annulé. C'est :
   a. dû à une grève
   b. à cause d'une grève

4. Votre entreprise a publié ses résultats. Ils sont :
   a. en ligne avec les prévisions
   b. conformes aux prévisions

5. Les étudiants manifestent parce qu'ils sont inquiets quant à leur :
   a. avenir
   b. futur

6. Soutenant leurs élèves, les professeurs manifestent à leur tour pour :
   a. questionner le gouvernement
   b. mettre en cause le gouvernement

7. Votre fils travaillera tard ce soir pour achever son devoir qu'il :
   a. est censé rendre demain
   b. est supposé rendre demain

8. Votre mari est un passionné de football. Il :
   a. soutient ardemment son équipe
   b. supporte ardemment son équipe

À vous de traduire

Sachant qu'elle était surbookée.................., elle décida de ne pas endorser ....cette cause humanitaire, parce qu'elle ne pourrait pas compléter ....son travail avant la convention .... de l'association. Dommage, car elle était du genre à performer .... pour ce genre de projet, mais il lui fallait auparavant poster........................ le pitch ....de la réunion pour caler le process ....avec l'équipe. Elle était déjà en charge ....de trop de choses, et sous-staffée.................. Ils n'avaient qu'à booster ....les recrutements et dispatcher le game.................. ! C'est sûr, son refus allait faire le buzz ....sur le Web...................

Faites le tri !

Parmi tous ces mots, lesquels sont des emprunts contestables ?

1. Désigné, proposé, nominé.
2. Sélection, best of, compilation.
3. Un personnage, un rôle, un caractère.
4. Un mélange, un mix, un cocktail.
5. Influencer, percuter, impacter.
6. Division, partition, partage.
7. Opportunité, occasion, aubaine.
8. Défi, performance, challenge.

Ça ne s'invente pas !

« Où est la côte basse ? » me demande un ami américain. Je crois d'abord qu'il parle de la côte basque. Non, il n'en démord pas : il existe en France une côte basse, *low* (basse) *coast* (côte). Je comprends enfin ! Il vient de voir un reportage sur les compagnies aériennes à bas coût, *low « cost »*, mais qui se prononce « coste », et non « causte » !

C'est vous le prof !

Ces phrases comportent toutes une erreur, issue d'une mauvaise traduction de l'anglais. Saurez-vous la corriger ?

1. Au coin du feu, vous vous sentez très confortable. . . . .
2. L'avion dont le moteur était en feu s'est scratché au sol. . . . .
3. Cette réunion a pour objet de délivrer un message à toute l'équipe. . . . .
4. J'ai été engagé pour mon expertise en la matière. . . . .
5. La globalisation de l'économie de marché a des effets pervers. . . . .
6. Le projet qu'il a initié prend belle tournure. . . . .

Propriété privée

Nombre de marques commerciales sont entrées dans le langage commun… parfois même pour désigner un produit d'une autre marque ! Petite revue de détail réservant quelques surprises…

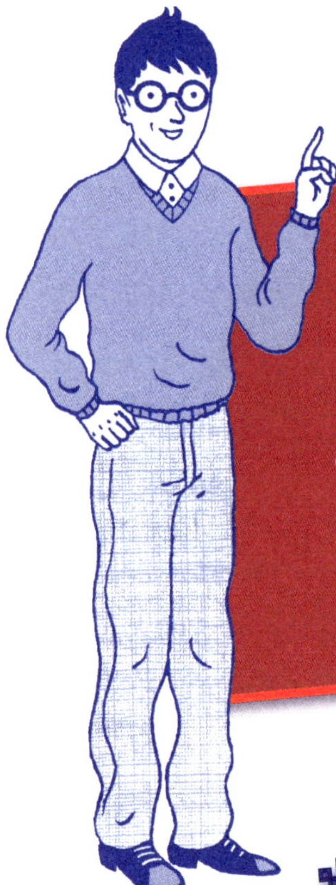

Merci, Professeur !

« Cher Julien, m'écrit Jean, veuillez noter que les malentendants ont besoin d'une *prothèse auditive*, pas d'un *Sonotone*. *Sonotone* est une marque. Chez moi, je n'ai pas un *Frigidaire*, j'ai un *réfrigérateur*. Si vous insistez, je vous en communiquerai la marque. Je vous remonte amicalement les bretelles. » À bon entendeur…

Les antonomases

Saurez-vous choisir le nom commun plutôt que le nom déposé passé dans le langage courant (antonomase) ?

1. Pour vérifier votre alcoolémie, le policier utilise un :
   a. alcootest
   b. éthylotest
2. Pour trouver un numéro de téléphone, vous consultez :
   a. l'annuaire
   b. le bottin
3. Pour écraser vos légumes, vous les passez :
   a. au moulin
   b. à la moulinette
4. Pour les lignes de pêche, on utilise du fil de :
   a. polyamide
   b. nylon
5. Pour froncer des rideaux, on y coud :
   a. un galon
   b. une ruflette
6. Pour fixer un panier sur le porte-bagage, on utilise un :
   a. sandow
   b. tendeur
7. En guise de crayon, vous pouvez utiliser un :
   a. portemine
   b. stylomine
8. Pour conserver votre thé bien chaud, vous utilisez une bouteille :
   a. thermos
   b. isotherme

C'est vous le prof !

Ils prétendent être des noms communs. Qui sont les menteurs ?

1. Pour protéger le sol du grenier, vous posez du *linoléum*. . . . .
2. Sur le chemin des vacances, vous déjeunez au *restoroute*. . . . .
3. L'hiver, rien n'est plus chaud que les pulls en *mohair*. . . . .
4. Pour noter son compte rendu, le médecin utilise un *dictaphone*. . . . .
5. Les randonneurs aiment chausser des *pataugas*. . . . .
6. Pour isoler votre fil électrique, vous le recouvrez de *chatterton*. . . . .
7. Quand vous avez mal à la tête, vous prenez une *aspirine*. . . . .
8. J'aime les brasseries et leurs banquettes en *skaï* rouge. . . . .

À vous de traduire

Pour faire plaisir à Jean, tâchez de trouver les remplaçants à ces noms déposés !

Patientant sous l'abribus, il nota avec son bic son nouveau code de carte bleue. Il lui suffirait d'un morceau de scotch pour fixer le papier dans son armoire, à moins qu'il ne retrouve ses post-it. Il lui restait à relire la liste de ses courses : du sopalin pour la cuisine, des kleenex contre le rhume, un couteau suisse pour le séjour à la campagne, un frisbee pour les enfants, des rustines pour parer aux crevaisons, un camping-gaz pour la popote, un k-way en cas de mauvais temps... sans oublier les plats en pyrex que lui avait demandés sa maman.

Faites le tri !

Un nom déposé s'est glissé dans chacune de ces suites. À vous de le retrouver, sans sa majuscule !

1. Poussette, chariot, caddie.
2. Fermeture éclair, fermeture à glissière, zip.
3. Mascara, cosmétique, rimmel.
4. Mobylette, vélomoteur, cyclomoteur.
5. Caméra, caméscope, magnétoscope.
6. Permanente, afro, brushing.
7. Quatre-quatre, jeep, tout-terrain.
8. Marmite, autocuiseur, cocotte-minute.

APPROFONDISSONS...

En France, 30 000 dépôts de marques sont effectués chaque année auprès de l'Institut national de la propriété industrielle ! Cités à l'écrit, ces noms devraient être suivis d'un astérisque, de la lettre © pour « copyright » ou ® pour « registered » chez nos amis anglo-saxons. Et ils doivent toujours porter une majuscule initiale. C'est dit !

Passe-partout sans saveur

La langue est faite pour communiquer, bien sûr. Mais elle est surtout faite pour décrire, évoquer, expliquer, le tout le plus précisément possible. Or nous nous rabattons trop souvent sur des verbes passe-partout que nous pourrions heureusement remplacer. Essayons ensemble !

L'ÂME SŒUR

Tous ces mots peuvent être associés avec un autre verbe que « faire ». Lequel ?

1. Une erreur : . . . .
2. Un schéma : . . . .
3. Une liste : . . . .
4. Une mission : . . . .
5. Une robe : . . . .
6. Un procès : . . . .
7. Un rapport : . . . .
8. Un portrait : . . . .
9. Du tort : . . . .
10. Des dettes : . . . .
11. Des kilomètres à pied : . . . . . .
12. 10 mètres de long : . . . .

ENTRE NOUS...

En travaillant à cet ouvrage, je suis tombé sur une magnifique phrase d'Albert Camus : « Mal nommer les choses, c'est contribuer au malheur du monde. » Cette phrase m'a illuminé. Parler un bon Français, être clair et précis, c'est respecter les autres, leur dire que nous ferons tout pour les comprendre, que nous avons beaucoup à partager avec eux et que nous les aimons.

DIALOGUONS, DIALOGUEZ

Saurez-vous aider le second interlocuteur à reprendre son ami sur le verbe « avoir » ?

1. – **La pièce de Christophe a eu un succès éclatant.**
   – Je suis content qu'elle ait . . . . un tel succès.
2. – **Désormais, il a donc de bons revenus.**
   – Je dirais même qu'il . . . . de revenus très confortables !
3. – **D'autant qu'il a eu beaucoup de difficultés à monter le spectacle.**
   – Je savais qu'il avait . . . . de gros problèmes.
4. – **Avec le désistement de sa vedette, il a eu un grand préjudice.**
   – Je me doute qu'il a . . . . là un préjudice important !
5. – **Il a eu du courage de persister…**
   – Christophe a toujours . . . . beaucoup de courage.
6. – **Il n'empêche qu'il a un métier formidable !**
   – C'est vrai qu'il . . . . une métier passionnant.

INTOX ou INFO ?

Attention, il s'agit ici de conserver les expressions, non de les remplacer par un verbe.

1. On peut remplacer *mettre* dans *mettre en rapport.* ☐ vrai ☐ faux
2. On peut remplacer *mettre* dans *mettre sur un piédestal.* ☐ vrai ☐ faux
3. On peut remplacer *mettre* dans *mettre à la poubelle.* ☐ vrai ☐ faux
4. On peut remplacer *mettre* dans *mettre sous clé.* ☐ vrai ☐ faux
5. On peut remplacer *mettre* dans *mettre au monde.* ☐ vrai ☐ faux
6. On peut remplacer *mettre* dans *mettre le feu aux poudres.* ☐ vrai ☐ faux
7. On peut remplacer *mettre* dans *mettre une robe.* ☐ vrai ☐ faux
8. On peut remplacer *mettre* dans *mettre les menottes.* ☐ vrai ☐ faux

DICO EXPRESS

À vous de remplacer le pauvre « dire » par un verbe plus précis !

1. On ne dit pas une histoire, on la . . . .
2. On ne dit pas son expérience, on la . . . .
3. On ne dit pas son avis, on le . . . .
4. On ne dit pas ses problèmes, on les. . . . .
5. On ne dit pas un secret, on le . . . .
6. On ne dit pas des insultes, on les . . . .
7. On ne dit pas du mal de quelqu'un, on . . . . .
8. On ne dit pas des mensonges, on . . . .

À vous de compléter

Toutes les options sont possibles, sauf « donner ». Parviendrez-vous à compléter ce texte ?

La maîtresse a .... les cahiers corrigés, puis elle a .... les notes de la classe et a .... les bons points à ceux qui le méritaient. Elle a .... beaucoup de conseils pour un nouvel exercice, puis a .... un délai à ceux qui peinaient à le finir. Elle a enfin .... un nouveau cours, ... aux enfants des documents éclairants. Arthur a .... une bonne réponse, mais pas Fleur, ce qui .... du souci à la maîtresse. Celle-ci a d'ailleurs .... un rendez-vous à ses parents, ce qui lui .... l'occasion de leur .... le bulletin de leur fille. Elle leur .... aussi son avis, et peut-être lui ....-ils des éléments qu'elle n'a pas. Cette maîtresse se .... totalement à son métier.

À l'insu de son plein gré

À l'école, nos maîtres montraient quelque indulgence pour les fautes d'inattention, moins pour les erreurs de grammaire ou de syntaxe. Une seule chose les rendait fous, ce que sanctionnait cette mention sur le carnet : « Cet élève ne comprend pas ce qu'il dit ! »

Faites le tri !

On les croit synonymes : ils ne le sont pas. À vous de trouver les intrus !

1. Incident, anicroche, péripétie.
2. Riche, fortuné, nanti.
3. Présumé, prétendu, soi-disant.
4. Synonyme, éponyme, équivalent.
5. Pas du tout, absolument pas, pas vraiment.
6. Impavide, impassible, flegmatique.
7. Enterrer, inhumer, immerger.
8. Combiner, mitiger, mélanger.

Merci, Professeur !

Geoffrey de P., de Quimper, m'écrit : « Dans un entretien que vous avez donné à une station de radio, vous avez parlé de pommes, de poires *et autres oranges*. Les pommes et les poires sont-elles des oranges ? Non, bien sûr. Donc, vous auriez dû dire : des pommes, des poires et autres fruits ! »

À vous de choisir

Confusions et approximations courantes… Rayez les mentions inutiles !

Au beau milieu du débat, il *fit un aparté / ouvrit une parenthèse* sur un sujet annexe. Il voulait aussi que l'on fasse *appel à / appel de* la décision du juge, qui devait mieux tenir *en compte / compte* de leurs arguments. Au fil des ans, il avait *tressé / tissé* des liens étroits avec l'avocat, qui n'était pas sans *ignorer / savoir* que leur cause était juste. La pile des dossiers litigieux *s'allongeait / s'épaississait*, et il fallait *enrayer / mettre fin à* l'immobilisme de la direction : on allait licencier 75 *emplois / employés*, tout de même ! On était *en prise / aux prises* avec une crise aiguë.

DIS-MOI qui tu aimes…

Enfant, je regardais mon grand-père peindre. C'était un artiste extraordinaire. J'ai encore chez moi une œuvre représentant la fosse d'orchestre du Festspielhaus de Bayreuth, ce théâtre imaginé par Richard Wagner. Il travaillait dans le silence, mais l'enfant que j'étais ne cessait de lui poser des questions. Il me demandait alors de tourner ma langue sept fois dans ma bouche afin de m'assurer que les mots qui en sortiraient valaient mieux que le silence…

Les erreurs sémantiques

Attention aux détails qui faussent le sens !
Associez chaque phrase à la formulation qui convient.

1. Pour votre arrivée, Mamie a préparé un repas. Vous allez faire :
   - **a.** bonne chair
   - **b.** bonne chère
2. Vous connaissez le dossier. Dans ce débat, on vous donne donc :
   - **a.** droit au chapitre
   - **b.** voix au chapitre
3. Vous avez fait un Loto commun. Le numéros ont été :
   - **a.** cochés au hasard
   - **b.** choisis au hasard
4. Pleuvra-t-il le jour de votre pique-nique ? Vous :
   - **a.** n'espérez pas
   - **b.** espérez que non
5. Le magasin vous assure que vous serez livré :
   - **a.** très prochainement
   - **b.** incessamment sous peu
6. Pour résoudre le problème, appelez le service :
   - **a.** dédié à cette question
   - **b.** affecté à cette question
7. Sur cette photo, on voit parfaitement :
   - **a.** ce qu'est une amibe
   - **b.** à quoi ressemble une amibe
8. Vous vous sentez espionné. Ce miroir ne serait-il pas :
   - **b.** sans teint
   - **b.** sans tain

C'est vous le prof !

Entendu à la radio ou lu dans la presse. Saurez-vous corriger messieurs les journalistes ?

1. Manifestent aujourd'hui les pêcheurs, routiers et autres taxis. . . . .
2. La région est infestée d'alligators, caïmans et autres crocodiles. . . . .
3. Ce soir a lieu le concert d'Arthur H, *alias* Arthur Higelin. . . . .
4. Il faut dénoncer les violences exercées à l'égard des femmes. . . . .
5. Ce groupuscule nourrit des sympathies à l'encontre d'Al-Qaïda. . . . .
6. Ce cycliste aurait été dopé à l'insu de son plein gré. . . . .
7. Le ministre assure qu'il n'y a pas d'autre alternative que la rigueur. . . . .
8. Après la réforme des retraites, la limite d'âge nous atteindra plus tard. . . . .

Les dernières écorchures

Un jeune enseignant aurait, dit-on, pris ainsi contact avec sa classe : « Je suis le nouveau professeur de français, celui dont au sujet duquel on vous avait parlé. » Assurément, un chef-d'œuvre ! Petit florilège des embûches et anicroches qui nous guettent…

ÇA NE S'INVENTE PAS !

« Votre livre nous évitera plein de fautes de français ! » s'exclament gentiment des amis. Tant mieux pour eux, car ils viennent d'en commettre deux dans la même phrase. On ne dit pas *plein de*, mais ***beaucoup de***, ***nombre de*** ou ***bien des***. J'espère que ce livre leur ***épargnera***, et non leur *évitera*, des fautes de français. En effet, on ***évite*** des désagréments, un piège ou un nid-de-poule. Mais on ***épargne*** une difficulté à quelqu'un.

DICO EXPRESS

Saurez-vous trouver le mot juste ?

1. Strasbourg n'est pas à l'est de la France, mais ....

2. On ne naît pas dans les années 1981, mais dans les années ....

3. On ne commémore pas l'anniversaire de la victoire, mais ....

4. Vous ne célébrez pas les un an du petit dernier, mais ....

5. Vous ne contredites pas votre interlocuteur, vous le ....

6. On ne parcourt pas la distance en vélo, mais ....

INTOX OU INFO ?

1. Quand on a fait une sottise, on s'excuse. ☐ vrai ☐ faux

2. Le plus beau festival de théâtre a lieu en Avignon. ☐ vrai ☐ faux

3. Celui à qui l'on vole son sac doit déposer plainte. ☐ vrai ☐ faux

4. La position écologiste sur le nucléaire fait débat. ☐ vrai ☐ faux

5. Au soir du scrutin, on désigne le ou la vainqueur. ☐ vrai ☐ faux

6. Le confrère de l'avocat est une femme : il a une consœur. ☐ vrai ☐ faux

7. Pour faire réparer sa voiture, elle va au garagiste. ☐ vrai ☐ faux

8. Chaque samedi, il fait ses courses à Carrefour. ☐ vrai ☐ faux

DIALOGUONS, DIALOGUEZ

À vous de donner la réplique à ce partenaire au parler approximatif !

1. **– Si je ne me retenais pas, je lui fracasserai le cou.**
   – Je ne doute pas que tu le lui .... !
2. **– Quand nous aurons des sous, nous pourrions partir en vacances.**
   – Je dirais même que nous le .... !
3. **– Pourquoi les pandas ne mangent que du bambou ?**
   – C'est vrai : pourquoi .... que cela ?
4. **– « Plus de femmes dans l'audiovisuel » : pourquoi n'y aurait-il plus de femmes ?**
   – Je crois au contraire, qu'il y en aura ....
5. **– Chaque matin, je me demande quel temps fait-il.**
   – Et tu fais bien de te demander quel temps .... !
6. **– Je te téléphonerai depuis Marseille.**
   – J'attendrai donc ton appel .... Marseille.

À vous de traduire

On comprend, certes, mais que de fautes ! Parviendrez-vous à éclaircir le propos ?

Je vous le répète encore : vous avez réussi à cause de votre ténacité, c'est juste magnifique ! Vous me ferez montrer vos résultats ? Nous pourrions débattre ensemble du sujet. Je devrais rentrer à environ 13 ou 14 heures. Je ferai en sorte de tâcher d'être là au plus tôt. Nous nous entretiendrons mutuellement de vos projets. Cela ne devrait durer seulement qu'une petite heure. Il est possible que je puisse vous aider, ou sinon ma fille, qui est particulièrement excellente conseillère en la matière. Il suffit simplement que je vérifie qu'elle est disponible. Je ne voudrais pas trop abuser de son temps. Il en est même hors de question ! Vous la remettez ? Elle était venue suite à votre invitation, en juin. Je l'appelle de suite.

L'anecdote

Un candidat me dit : « Je suis VRP *sur* la région de Lyon. » Pourquoi pas *dans* la région de Lyon ? Maurice Druon, qui fut secrétaire perpétuel de l'Académie française, écrivait : « Cette pauvre préposition *sur* est harassée. On la met à toutes les sauces. Pourquoi lui impose-t-on, de surcroît, d'exprimer des indications qui ne comportent nulle notion de position, de supériorité ou de domination ? » Oui, pourquoi ?

Solutions

★ QUAND CHAQUE LETTRE COMPTE

C'est vous le prof ! 1. Vaudrait. **2.** Antédiluviennes. **3.** Astérisque. **4.** Empreint. **5.** Déficitaire. **6.** Digressions. **7.** Dilemme. **8.** Aréopage.
Faites le tri ! 1. Enduire. **2.** Mettre à jour. **3.** En définitif. **4.** Rabattre. **5.** Tour de main. **6.** En liste. **7.** Pécuniers. **8.** Recouvrir. **9.** Affection. **10.** Infliger. **11.** Illusion. **12.** Consommer. **13.** Défricher. **14.** Avanie. **15.** Insoluble.
L'origine du mal. 1. Optique. **2.** Obélix. **3.** Carapace. **4.** Frustré. **5.** Tous les mots en contre- (contre-attaque, contrefaçon…). **6.** Fleurir. **7.** Fracture.
Les prononciations erronées. 1. b. **2.** b. **3.** b. **4.** a. **5.** b. **6.** b. **7.** a. **8.** b.

★ LES RESSEMBLANCES TROMPEUSES

Les fausses similitudes. 1. b. **2.** a. **3.** b. **4.** a. **5.** b. **6.** b. **7.** a. **8.** a.
Info ou intox ? 1. Faux : il l'abjura. **2.** Vrai. **3.** Faux : il faut l'aménager. **4.** Faux : c'est un bimensuel. **5.** Vrai. **6.** Faux : on l'évoque. **7.** Faux : il soigne votre denture. **8.** Faux : c'était un prodige.
Faites le tri ! 1. Arborer. **2.** Acception. **3.** Circoncire. **4.** Conjoncture. **5.** Infester. **6.** Oiseux. **7.** Recouvrir. **8.** Percepteur.
À vous de choisir. Effleurait, perpétuait, notoirement, anoblie, biographie, émerger, irruption, importun, partial, venimeux, oppresser, prescrire.

★ LE MÉLANGE DES GENRES

Cherchez l'erreur. 1. Organigramme. **2.** Anicroche. **3.** Épiderme. **4.** Autoroute. **5.** Écritoire. **6.** Hémisphère. **7.** Abysse. **8.** Tentacule.
Info ou intox ? 1. Faux. **2.** Faux. **3.** Vrai. **4.** Faux. **5.** Vrai et faux (« des gens gentils », mais « de bonnes gens »). **6.** Faux. **7.** Vrai. **8.** Vrai.
Quiz. 1. c. **2.** c (« un amour », mais « des amours heureuses »). **3.** a. **4.** a. **5.** b. **6.** a. **7.** c – un solde (vente à bas prix) ou une solde (rémunération). **8.** a.
À vous de compléter. Une, la, une, une, un, une, une, une, cette, un.

★ DES PROCHES PAS SI PROCHES

Info ou intox ? 1. ***Faux*** : c'est un *dilemme* (les deux options sont douloureuses et contradictoires). **2.** ***Faux*** : on admire sa *cohérence* (lien étroit d'idées qui s'accordent). **3.** ***Faux*** : elle apparaît à la naissance, mais n'est pas forcément *héréditaire*. **4.** ***Vrai*** : il a gardé ses goûts *enfantins*. **5.** ***Vrai*** : cela ne lui interdit pas d'être *gourmand*… **6.** ***Faux*** : il est à *maturité* – ce que lui a permis une lente *maturation*. **7.** ***Vrai*** : mais la dictature, elle, *opprime*. **8.** ***Faux*** : ce sont des espaces *piétonniers* (réservés aux piétons) ; est *pédestre* ce qui se fait à pied).
Les confusions confondantes. 1. a : *promettre* ne peut s'employer que pour un fait à venir. **2. b** : une *invention* est une création, mais on *découvre* ce qui existait déjà et que l'on ignorait. **3. b** : l'*égalité* met tout le monde au même niveau ; l'*équité* caractérise ce qui est juste. **4. b** : est *éphémère* ce qui est de courte durée ; est *provisoire* ce qui n'est pas définitif. **5. a** : la *gradation* est une progression ; la *graduation* est la division en degrés d'un instrument de mesure. **6. a** : l'*analphabète* lit ou écrit avec difficulté, il a oublié ce qu'il avait appris. **7. a** : est *intégral* ce qui est complet ; est *intègre* ce qui est intact ou honnête. **8. a** : la réciprocité caractérise un échange *à deux* (personnes, groupes, etc.) ; un échange *mutuel* peut se faire entre plusieurs personnes ou choses.
Dico express. 1. Probable : plus que possible, il a de grandes chances de se réaliser. **2.** Analogue. **3.** Desséchée : ne pas confondre avec *assécher* (on assèche un marais, un lac…). **4.** Médiéval : ne pas confondre avec *moyenâgeux*, péjoratif, qui signifie « à la manière du Moyen Âge ». **5.** Calomnie : à ne pas confondre avec la *médisance*, qui consiste à rapporter des propos que l'on croit fondés. **6.** Xénophobes : à ne pas confondre avec les *racistes*, qui rejettent certaines ethnies. **7.**Translucide : quand on peut voir à travers un objet, il est dit *transparent*. **8.**Viable : ce qui ne veut pas dire qu'il deviendra une personne *vivable* !
À vous de choisir. Nouvelle (*neuve* ne peut être placé avant le mot qu'il qualifie) ; parmi (*entre* deux personnes, *parmi* plusieurs) ; judiciaire (le *juridique* relève du droit, le *judiciaire* est relatif à la justice) ; partial (est *partial* qui a un parti pris, *partiel* ce qui ne représente qu'une partie d'un ensemble) ; rationnelle (qui fait appel au raisonnement, quand *raisonnable* relève du bon sens et de la modération) ; justesse (la pertinence, la *justice* relevant du droit) ; légitime (fondé, justifié, étant légal ce qui est conforme à la loi) ; dédierait (elle leur vouerait, leur offrirait sa victoire, *dédicacer* désigne le fait de signer un exemplaire d'un livre que l'on a écrit, mais il n'est pas interdit de *dédicacer* à quelqu'un le livre qu'on lui a *dédié* !) ; prévenance (gentillesse, délicatesse, est *prévoyant* celui qui prend des dispositions pour faire face à des risques) ; motif (raison objective, quand *mobile* désigne une raison subjective – le mobile d'un meurtre).

★ LE MECCANO DES VERBES

Les curiosités de construction. 1. a : *applaudir à*, c'est *approuver* (on applaudit à une décision). **2. b** : au sens de *se mettre d'accord, convenir de* se conjugue avec l'auxiliaire « être ». **3. a** : *procéder de*, c'est *relever de* ; *procéder à*, c'est *effectuer, exécuter* (une tâche…). **4. b** : *répondre de*, c'est *certifier*, garantir. **5. a** : *témoigner de*, c'est *se porter garant de* ; *témoigner quelque chose*, c'est le *montrer*, le *manifester*. **6. b** : *traiter un problème*, c'est l'*examiner*, voire le *résoudre* ; *traiter d'un problème*, c'est l'*avoir pour thème d'étude*. **7. a** : quand *admettre* signifie *reconnaître que*, il est suivi de l'indicatif ; quand il signifie *supposer*, il est suivi du subjonctif (admettons que ce soit possible). **8. a** : *rajouter*, c'est *ajouter de nouveau* ; on n'écrit pas deux conclusions…
C'est vous le prof ! 1. Attestent l'innocence. **2.** Il ne se départ pas. **3.** Repartir *de* zéro. **4.** Se pique d'écologie. **5.** Il entre à la faculté (*rentrer*, c'est *entrer* de nouveau). **6.** A rouvert (mais c'est une *ré*ouverture). **7.** Nous vous savons gré (verbe *savoir gré*, et non *être gré*). **8.** A toujours privilégié le théâtre par rapport au cinéma.
Faites le tri ! 1. Démarrer (intransitif). **2.** Fusionner (intransitif). **3.** Bâfrer (intransitif). **4.** Déblatérer (intransitif). **5.** Pallier (transitif). **6.** Se souvenir (intransitif). « Se rappeler » est bien transitif : on se rappelle quelque chose).
À vous de compléter. À, par, à, de, lui, l', à, de, par, de, à, [rien].

★ LA RONDE DES PLÉONASMES

Cherchez l'erreur. 1. Erreur involontaire. **2.** Un projet d'avenir. **3.** Un campus universitaire. **4.** Un don gratuit. **5.** Un bip sonore. **6.** Une égalité parfaite. **7.** Un bref résumé. **8.** Surprendre à l'improviste.
C'est vous le prof ! 1. À force de marcher des heures durant, ils ont eu des ampoules. **2.** Il est notoire que cet homme est un débauché. **3.** La politique du tri est de plus en plus respectée. **4.** Cette proposition a provoqué un tollé. **5.** Le bien-être ne doit pas être l'apanage d'une élite. **6.** Le charlatan prétend que son sirop est la panacée. **7.** Il a assommé son auditoire avec sa logorrhée. **8.** Cette fois, tu as vraiment abusé !
Quiz. 1. b. **2.** a. **3.** c. **4.** b. **5.** a. **6.** b. **7.** b. **8.** a.
À vous de dégraisser. Les chefs de gouvernements se seraient concertés ~~ensemble~~ pour différer ~~à plus tard~~ l'abolition ~~totale~~ des monopoles ~~exclusifs~~. Tenté de claquer ~~bruyamment~~ la porte, le délégué de la France a cependant reconnu que, face à la conjoncture ~~actuelle~~, les pays européens devaient s'entraider ~~mutuellement~~. ~~Enfin~~, pour conclure, les congressistes ~~tous~~ unanimes ont décidé d'inaugurer ~~l'ouverture~~ de nouvelles négociations qui permettront, sans ~~faux~~ prétexte, d'achever ~~complètement~~ le processus.

★ LES ENVAHISSEURS ET LES ABSENTS

C'est vous le prof ! 1. Au maximum : on n'ajoute pas un superlatif à un mot qui a déjà valeur de superlatif. **2.** M'a avertie qu'elle viendrait. **3.** Sans qu'on me vienne en aide : pas de *ne* explétif après *sans que* ! **4.** Elle travaille trop : pas de *de* avant trop ! **5.** C'est sa faute : pas de *de* dans cette expression. **6.** Semble plus complexe que prévu : pas de *être* après les verbes d'état (*sembler*, *paraître*…) et de jugement (*croire*, *juger*, *penser*…).
Quiz. 1. a. **2.** b : pas de *de* avec ne faire que. **3.** a : pas de *de* avant un adjectif. **4.** b : *de* est obligatoire après *en*. **5.** b : de est obligatoire après *ne… que*. **6.** b : pas de *comme* après un verbe d'état (sembler, paraître…).
Les ambiguïtés. 1. a : Paul cherche quelqu'un, mais qui ? **b** : Quelqu'un cherche Paul, mais qui ? **2. a** : Marie a rencontré quelqu'un, mais qui ? **b** : Quelqu'un a rencontré Marie, mais qui ? **3. a** : Marc a appelé un service, mais lequel ? **b** : Un service a appelé Marc, mais lequel ? **4. a** : Jules a invité un ami, mais lequel ? **b** : Un ami a invité Jules, mais lequel ? **5. a** : Yann est rentré, puis il a interrogé son fils. **b** : Son fils est rentré, Yann l'a alors interrogé. **6. a** : Un collègue a quitté la soirée, puis l'a interpellé. **b** : Il a quitté la soirée, un collègue l'a alors interpellé. **7. a** : Ce livre a passionné Claude. **b** : Ce livre a passionné Michel. **8. a** : Les spectateurs seront déçus par les acteurs. **b** : Les acteurs seront déçus de leur insuccès.
Droit de suite. 1. Qui Paul cherche-t-il ? **2.** Qui Marie a-t-elle rencontré ? **3.** Quel service a-t-il appelé Marc ? *ou* Quel est le service qui a appelé Marc ? **4.** Quel ami a-t-il invité Jules ? ou Quel est l'ami qui a invité Jules ? **5.** Quand son fils est rentré, Yann l'a interrogé. **6.** En quittant la soirée, il a été interpellé par un ami. **7.** Le livre que Claude a prêté à Michel a passionné celui-ci. **8.** Si les spectateurs n'aiment pas les acteurs, ces derniers seront déçus.

★ LE MIC-MAC DES ADVERBES

Info ou intox ? 1. Faux : *lentement* est le contraire de *vite*, *doucement* celui de *fort*. **2.** Faux : il fait *seulement* 2 °C à Paris, et non *simplement*. **3.** Faux : *beaucoup* modifie un verbe (il a *beaucoup* travaillé), *très* un adjectif ou un autre adverbe (il est *très* intelligent). **4.** Faux : l'adjectif fort peut être employé adverbialement. **5.** Vrai : et c'est le plus courant ! **6.** Vrai : il s'est arrêté *net*. **7.** Faux : ils le sont, *si* étant la forme de *oui* répondant à une négation. **8.** Vrai.

C'est vous le prof ! 1. Avec des *nouveau-nés* (nouvellement nés). On dit aussi *une nouveau-née*. **2.** N'est pas *près* (sur le point) de retomber. **3.** Et *court* (courtement) vêtues. **4.** Elle est fin (tout à fait) prête. **5.** Quelque (environ) mille personnes. **6.** Les plus courts possible (qu'il est possible de trouver). **7.** Elle est tout (complètement, profondément) émue. **8.** Très haut (hautement) placés.

À vous de dégraisser. C'était ~~quasiment~~ gagné : l'entraîneur l'avait ~~véritablement~~ aidé à se trouver ~~définitivement~~, et dès à présent, il pouvait ~~assurément~~ espérer la victoire. ~~Clairement~~, il était assez fatigué, mais c'était un premier podium possible, et il était ~~fermement~~ décidé à ne pas laisser passer sa chance. ~~Évidemment~~, sa femme l'applaudissait ~~frénétiquement~~ dans les tribunes, en dépit du froid vif qui devait la geler ~~littéralement~~ sur place. Il était ~~complètement~~ sûr de son amour, qu'elle lui montrait ~~totalement~~ chaque jour.

Dialoguons, dialoguez. 1. Il exposera ses idées avec précision. Dans l'idéal, elles seront adoptées. **2.** Cet animal avance avec une lenteur peu commune. **3.** À n'en pas douter, elle affronte l'épreuve avec courage. **4.** C'est un excellent acteur, qui joue ce rôle à la perfection. **5.** Ces dernières propositions imposent une réforme. **6.** Les règles en vigueur sont peu respectées. **7.** Ce journaliste ironise toujours sur les hommes politiques. **8.** Il s'appesantit sur ce sujet et manifeste son opposition.

✭ LE SYNDROME DU PERROQUET

Faites le tri ! 1. Abattant. **2.** Agréable. **3.** Respectivement. **4.** Barbarisme. **5.** Différer. **6.** Ouvert. **7.** Luxure. **8.** Obligeant.

Quiz. 1. b. **2.** b. **3.** a. **4.** b. **5.** a. **6.** b. **7.** b. **8.** a.

Info ou intox ? 1. Faux : ce sont les seuls grands-parents. **2.** Vrai. **3.** Faux : c'est la gent (sans e). **4.** Vrai et faux : ils font le même métier, mais respectivement aux États-Unis, en Russie et en France. **5.** Faux : il vous stupéfie. **6.** Faux : on l'apporte. **7.** Faux : il espère une bonne pluie. **8.** Faux : elles sont basses.

À vous de traduire. Son ancien patron n'a pas ***posé de conditions*** à son départ. Il a donc pu ***poser sa candidature*** dans tous les secteurs possibles et ***imaginables***, en ***complétant*** moult questionnaires. La situation ***a très vite trouvé une solution***, puisqu'il a eu un poste. Il ***a des chances*** de gagner ***entre*** deux ***et*** trois fois plus (ou ***de*** deux ***à*** trois) ! Depuis ***l'enfance***, il ***aime*** autant la médecine que la technologie. C'est ***de cela qu'il*** (ou c'est ***ce dont*** il) m'a parlé au téléphone. On a ***clos*** la conversation dans la joie !

✭ *T OUF !* OU LE LANGAGE « JEUNE »

Dico express. 1. Auche ou darre (C'était *auche* cet exercice !). **2.** Barre (Comment on s'est trop tapé une *barre* !). **3.** Bédave (Il a *bédavé* comme un ouf). **4.** Garro (Fais tourner ta *garro* !). **5.** Creuvard (Fais tourner ta garro, sale *creuvard* !). **6.** Go (Téma la *go* là-bas !). **7.** Mito (Me fais pas un *mito*, bouffon !). **8.** Poucave (C'est trop une *poucave*, ce keuf !).

Quiz. 1. a. **2.** b. **3.** a. **4.** b. **5.** a. **6.** b. **7.** b. **8.** b.

Dialoguons, dialoguez. 1. Formidable ! Ça me fait très plaisir ! **2.** Mes parents n'aiment pas ce genre de nourriture. **3.** J'adore sa façon de filmer. **4.** Elle est magnifique, cette femme. Vraiment très belle. **5.** Alors là, Mamie, bravo ! Je n'ai plus qu'à me taire... **6.** Merci, je t'embrasse, tu es une vraie copine. **7.** L'école, ça ne me plaît pas. Je m'en fiche. Les profs sont bizarres ! **8.** Je te taquine, Mamie... Je suis intelligent, je ne suis pas stupide !

À vous de traduire. Bonjour, où es-tu ? Comment vas-tu ? J'ai acheté un cadeau pour Hélène (voir photo), j'espère que tu l'aimes, parce que j'ai payé pour toi. Je t'appelle dès que je le peux (pour le moment, je suis occupé avec mes parents). Tu viens demain à la maison pour prendre l'apéritif ou boire un café ? C'est-à-dire avant la fête, c'est bien. Réponds-moi aussi vite que possible. Rejoins-moi au rendez-vous d'hier, au métro. Bisous, à bientôt.

✭ UNE BOUTIQUE BIEN ACHALANDÉE

Faites le tri ! 1. Conséquent : est conséquent ce qui est *cohérent*, *logique*, et non important. **2.** Contondant : un objet contondant blesse *sans couper ni percer*. **3.** Urbanité : un homme urbain est *affable*, *courtois*, et pas seulement en ville... **4.** Agacerie : il s'agit d'une *coquetterie provocante*, qui généralement n'exaspère pas ! **5.** Investir : investir un lieu, ce n'est pas y entrer, mais l'*encercler*. **6.** Apurer : *apurer* des comptes, c'est les vérifier, contrôler les justificatifs. **7.** Décimer : autrement dit, *supprimer un élément sur dix*, et non la totalité. **8.** Décavé : est décavé le joueur *ruiné au jeu* (qui a perdu sa *cave*, sa mise).

Quiz. 1. b. **2.** a. **3.** b : une décade est une période de *dix jours*. **4.** b. **5.** a : un *publiciste* est un journaliste ou un spécialiste du droit *public*. **6.** b : rien à voir avec une *carapace* !

C'est vous le prof ! 1. Que de *mésaventures* : un avatar est une *métamorphose*. **2.** Et même *prodigue* : est *prolifique* celui qui produit beaucoup ou se multiplie rapidement ; est *prodigue* celui qui dilapide son bien. **3.** Bien affilés : une lame *affilée* est aiguisée, tranchante ; *effilée*, elle est seulement mince et longue. **4.** Son *globe* terrestre : une *mappemonde* est une représentation plane des deux hémisphères terrestres. **5.** *Hilarant*, *impayable* : est *inénarrable* ce qui ne peut se raconter, non ce qui est désopilant. **6.** Sur la *détente* : la *gâchette* est une pièce interne du mécanisme de l'arme qu'on actionne en pressant la détente.

Les confusions lexicales. 1. b : *sauf à* n'est pas synonyme de *à moins de*, mais de *quitte à*. **2. b :** on ne *s'accapare* pas quelque chose ou quelqu'un, on l'*accapare*, on *s'en empare*, on le *monopolise*. **3. b :** *échouer*, c'est ne pas réussir ; *échoir*, c'est être dévolu à, être imposé à. **4. a :** est *glauque* ce qui est verdâtre. **5. a :** la *parodie* est une caricature qui vise à ridiculiser ; le pastiche imite le style ou la manière d'un auteur sans volonté de le déprécier. **6. b :** une *olympiade* est la période qui sépare deux séries de jeux Olympiques. **7. a :** est *valétudinaire* celui dont la santé est précaire. **8. a :** est *saumâtre* l'eau mélangée à de l'eau de mer.

✭ METZ VAUT BIEN UNE MESSE...

Quiz. 1. c. **2.** b. **3.** a. **4.** b. **5.** c. **6.** c. **7.** a. **8.** a.

Les gentilés. 1. b. **2.** b. **3.** a. **4.** b. **5.** a. **6.** b. **7.** a. **8.** b.

À vous de compléter. Andorrane, costaricain, émiriens, bissauguinéens, kazakh, liechtensteinois, birmane, papouan, kittitien.

✭ LE CHÉRIF N'EST PAS UN SHÉRIF

Dico express. 1. Sensé. Lequel est *censé* être raisonnable... **2.** Amende. Avec laquelle on aurait pu acheter beaucoup d'*amandes* ! **3.** Mûr. Mais l'arbre peut être palissé contre un *mur*. **4.** Goutte. Ce qui n'empêche pas de *goûter* l'eau. **5.** Puits. Puis on allait se reposer au *puy* de Sancy.... **6.** Rennes. Dont il tient les *rênes* que lui a offertes la *reine* ? **7.** Seau. Qui n'est sans doute pas marqué du *sceau* (cachet gravé) de ce *sot* de roi qui fait des *sauts* ! **8.** Tente. Ce qu'on peut faire avec sa *tante*.

Quiz. 1. b. **2.** a : le golfe est une large baie où s'avance la mer (golfe du Mexique). **3.** a. **4.** b : le *cours* est une leçon ; il y a aussi la *cour* (de la maison ou du roi) et la chasse à *courre* (à cheval). **5.** a : il existe aussi le *fart* (substance dont on enduit les skis pour qu'ils glissent mieux), le *fard* (maquillage) et le *phare* (d'Alexandrie, de Cordouan...). **6.** b : le mannequin, lui, prend la *pose*, et le carreleur procède à la *pose* du carrelage. **7.** a : en revanche, quand on verse du jus de rôti sur son pantalon, on fait une *tache*. **8.** b : une *ballade* est un poème mis en musique (les *ballades* irlandaises).

Dialoguons, dialoguez. 1. Différend (dispute, désaccord). **2.** Voix. Ce qui pourrait vous mener sur la *voie* du succès. **3.** Chênes, hêtres et noyers. **4.** Huns. Il aurait pu être le roi des *uns* et des autres dans l'*Ain*... **5.** Vain. Ce qu'il a pu faire *vingt* fois... puis *vint* la fatigue. **6.** Volley. Tu mériterais une *volée* de bois vert...

À vous de choisir. Session (période ; une *cession* est un acte par lequel on *cède* un bien), en train (avec entrain signifie avec enthousiasme), auspices (avec l'appui de son professeur, qui n'est pas encore à l'*hospice*), acquis (ce qu'il avait fait par *acquit* de conscience ?), martyre (supplice par lequel on devient un *martyr*), gril (le *grill* étant le restaurant où l'on sert des *grillades*), mal gré (de mauvaise grâce, et *malgré* la fatigue), il avait subi (du verbe *subir* ; est *subit* ce qui intervient subitement), exaucés (satisfaits ; exhausser signifie rehausser), fond (le fonds est un capital), chaos (qui n'a rien à voir avec le *cahot* de la voiture sur le chemin *cahoteux*), délasser (mais il peut aussi *délacer* ses chaussures...), décrépit (tel un vieillard, et non comme une maison *décrépie*, qui a perdu son *crépi*), hâlerait (mais *halera*-t-il un bateau sur le chemin *de halage ?*).

✭ SI, CI, S'Y ? LA, LÀ, L'A !

Cherchez l'erreur. 1. *Se* tromper (on peut remplacer par *me* ou *te*, mais pas par *cette*). **2.** Il est *à* l'heure (on ne peut remplacer par *avait*). **3.** Elle *est* belle (on ne peut remplacer par *ou*). **4.** Quand il *l'a* vue (on ne peut remplacer par le). **5.** *Ça* se voit (on ne peut remplacer par *son*) **6.** *Ce* qui vient ensuite (on aurait *ceux* qui *viennent*). **7.** Je *n'y* vais pas (on peut remplacer par *là*). **8.** *Où* vas-tu (on ne peut remplacer par *ou bien*).

C'est vous le prof ! 1. Quels que soient (on ne peut remplacer par *plusieurs*). **2.** Il peut être (on peut remplacer par *pouvait*). **3.** Plutôt (on ne peut remplacer par *plus tard*). **4.** Quoi que vous disiez (on ne peut remplacer par *bien que*). **5.** Quant à lui (on ne peut remplacer par *à quel moment*). **6.** Bien qu'elle ait raison (on peut remplacer par *soit*).

Les homophones grammaticaux. 1. a : on peut remplacer par *totalement*. **2. a. 3. a :** *leur* est invariable quand on peut le remplacer par *à eux*. **4. b :** on ne peut remplacer par *cela*. **5. b. 6. b :** remplacer par *je* ou *tu* pour ne pas oublier la négation. **7. a :** on peut remplacer par *nous*. **8. b :** on peut remplacer par *n'étais*, et non par *naissais*...

À vous de déchiffrer. Vais, cet, hache, c'est, aime, cette, si, sais, cas, haut, j'y, j'ai, ses, sait, des, des, air, est, a, à, elle, sait, paix, est-ce, un, t'es, dit.

✭ L'ALBUM DES CLICHÉS

Qui est qui ? 1. Renault. **2.** Citroën. **3.** Apple. **4.** Microsoft. **5.** Le président français. **6.** Le président des États-Unis. **7.** Le président russe. **8.** Johnny Hallyday.

À vous de compléter. **1.** Chien. **2.** Cheval. **3.** Des grands. **4.** Suivre. **5.** Dans la mare. **6.** En poupe. **7.** De l'iceberg. **8.** N'existe pas.
Info ou intox ? **1.** Vrai. **2.** Faux : c'est l'Italie. **3.** Faux : c'est la Chine. **4.** Faux : c'est le Japon. **5.** Vrai. **6.** Faux : c'est Rome. **7.** Faux : c'est Paris. **8.** Vrai.
Le compte est bon. 17 : la Grande Boucle, caracolé en tête, son sang ne fit qu'un tour, eut vent, une question brûlante, à qui profitait le crime, calmer le jeu, ironie de l'histoire, attendu au tournant, blanc comme neige, le Tour de tous les dangers, qui avait peur, cerise sur le gâteau, pétard mouillé, chronique d'une victoire annoncée, la balle était dans le camp, revoir leur copie.

★ LES MOTS À LA MODE

Cherchez l'erreur. **1.** Au final. **2.** Cibler. **3.** Décrypter. **4.** Échanger. **5.** Être en capacité de. **6.** Pointer. **7.** Porter. **8.** Cliver.
Dico express. **1.** Fashionista. **2.** Coach. **3.** Topic. **4.** Mégamobilité. **5.** Sexygénaire. **6.** Adulescent. **7.** Premium. **8.** Décohabite.
Dialoguons, dialoguez. **1.** Souci. **2.** Tranché. **3.** Partage. **4.** Stigmatiser. **5.** En même temps. **6.** Anticipe. **7.** Opus. **8.** Romans graphiques.
À vous de traduire. Il veut démissionner. ***Toutefois***, il ne sait pas quand. Pour trouver ***un poste intéressant***, il faut ***être bien informé***, et ***il risque de se fâcher*** avec son patron s'il ne ***résout pas le problème actuel*** dans les délais. D'autant que la ***récession*** plombe les finances. ***Il est évident que*** son mal-être ***a un rapport*** avec l'âge : il se sent ***vieux, c'est incontestable***. Il faut ***qu'il agisse, il n'y a pas d'autre solution***. Il ***ne supporte plus*** ces ***conversations sans intérêt*** avec ses collègues. ***Il ne faut pas se faire d'illusion :*** l'***immobilisme***, c'est ***définitivement dépassé***. Il lui faut établir une ***stratégie***, son frère le ***lui a dit***. ***En définitive, tout va bien !***

★ MESSIEURS LES ANGLAIS...

Les anglicismes malvenus. **1.** a. **2.** b. **3.** b. **4.** b. **5.** a. **6.** b. **7.** a. **8.** a.
À vous de traduire. Débordée, appuyer, achever, le congrès, se montrer très performante, envoyer le résumé, déroulement des opérations, responsable, elle manquait de personnel, accélérer, répartir les tâches, ramdam, Toile.
Faites le tri ! **1.** Nominé. **2.** Best of. **3.** Caractère (au sens de « personnage »). **4.** Mix. **5.** Impacter. **6.** Partition. **7.** Opportunité. **8.** Challenge.
C'est vous le prof ! **1.** Vous vous sentez parfaitement à votre aise. **2.** L'avion s'est écrasé au sol. **3.** De transmettre un message. **4.** Pour mes compétences. **5.** La mondialisation de l'économie. **6.** Le projet qu'il a lancé.

★ PROPRIÉTÉ PRIVÉE

Les antonomases. **1.** b. **2.** a. **3.** a. **4.** a. **5.** a. **6.** b. **7.** a. **8.** b.
C'est vous le prof ! Les menteurs sont : **2.** Restoroute, **4.** Dictaphone, **5.** Pataugas, **8.** Skaï.

À vous de traduire. Patientant ***à l'arrêt d'autobus***, il nota avec son ***stylo-bille*** son nouveau code de ***carte de crédit***. Il lui suffirait d'un morceau de ***ruban adhésif*** pour fixer le papier dans son armoire, à moins qu'il ne retrouve ses ***feuilles auto-adhésives***. Il lui restait à relire la liste de ses courses : de ***l'essuie-tout*** pour la cuisine, des ***mouchoirs en papier*** contre le rhume, un couteau ***pliant multifonction*** pour le séjour à la campagne, un ***disque à lancer*** pour les enfants, des ***rondelles adhésives*** pour parer aux crevaisons, un ***réchaud de camping*** pour la popote, un ***coupe-vent imperméable*** en cas de mauvais temps... sans oublier les plats ***à four en verre*** que lui avait demandés sa maman.
Faites le tri ! **1.** Caddie. **2.** Fermeture Éclair. **3.** Rimmel. **4.** Mobylette. **5.** Caméscope. **6.** Brushing. **7.** Jeep. **8.** Cocotte-minute.

★ PASSE-PARTOUT SANS SAVEUR

L'âme sœur. **1.** Commettre. **2.** Dessiner. **3.** Dresser, établir. **4.** Accomplir, remplir. **5.** Coudre, confectionner. **6.** Intenter. **7.** Rédiger. **8.** Brosser. **9.** Causer. **10.** Contracter. **11.** Parcourir. **12.** Mesurer.
Dialoguons, dialoguez. **1.** Remporté, rencontré. **2.** Dispose, jouit. **3.** Rencontré, éprouvé. **4.** Subi. **5.** Fait preuve de, manifesté. **6.** Exerce.
Info ou intox ? **1.** Faux. **2.** Vrai : *poser*, *placer* sur un piédestal. **3.** Vrai : *jeter* à la poubelle. **4.** Faux. **5.** Faux. **6.** Faux. **7.** Vrai : *enfiler*, *revêtir* une robe. **8.** Vrai : *passer* les menottes.
Dico express. **1.** Raconte. **2.** Transmet, communique. **3.** Donne, exprime. **4.** Expose. **5.** Confie. **6.** Profère. **7.** Médit. **8.** Ment.
À vous de compléter. Rendu, récapitulé (ou indiqué), attribué, prodigué, accordé, dispensé, procurant, apporté, cause, proposé, fournira, transmettre, exposera, confieront, consacre.

★ À L'INSU DE SON PLEIN GRÉ

Faites le tri ! **1.** Péripétie. **2.** Fortuné. **3.** Soi-disant. **4.** Éponyme. **5.** Pas vraiment. **6.** Impavide. **7.** Immerger. **8.** Mitiger.
À vous de choisir. Ouvrit une parenthèse, appel de, tenir compte de (ou prendre en compte), tissé, sans savoir, s'épaississait, mettre fin à, employés, aux prises.
Les erreurs sémantiques. **1.** b. **2.** b. **3.** a. **4.** b. **5.** a. **6.** b. **7.** a. **8.** b.
C'est vous le prof ! **1.** Pêcheurs, routiers, chauffeurs de taxis et autres professionnels du transport. **2.** Alligators, caïmans, crocodiles et autres reptiliens. **3.** Arthur Higelin, *alias* Arthur H. **4.** À l'encontre des femmes. **5.** À l'égard d'Al-Qaïda. **6.** À son insu ou contre son gré. **7.** D'autre solution. **8.** Nous atteindrons plus tard la limite d'âge.

★ LES DERNIÈRES ÉCORCHURES

Dico express. **1.** Dans l'est : à l'est, c'est l'Allemagne... **2.** 1980 : *dans les années* signifie *dans la décennie* (1981 se situe dans les années 1980). **3.** La victoire : *commémorer un anniversaire* serait commémorer une commémoration... **4.** La première année. **5.** Contredisez : les verbes *contredire*, *dédire*, *interdire*, *médire* et *prédire* forment leur 2e personne du pluriel en –isez, contrairement à *dire*. **6.** À vélo : on circule *en* voiture, parce qu'on est *dans* la voiture, mais *à* vélo, parce qu'on est *sur* le vélo (ou la moto, ou le cheval...).
Info ou intox ? **1.** Faux : *on présente des excuses* (on ne s'excuse pas soi-même). **2.** Faux : à Avignon. **3.** Faux : il doit déposer *une* plainte (ou porter plainte). **4.** Faux : elle *ouvre un débat*. **5.** Faux : le masculin est ici un neutre qui englobe le féminin. **6.** Vrai : contrairement à ce que disait un avocat à la radio en évoquant *une consœur* ! **7.** Faux : elle va *chez* le garagiste ou *au* garage. **8.** Vrai : on va *chez* Leclerc ou *chez* Lenôtre (noms des fondateurs), mais *à* Carrefour ou *à* Franprix.
Dialoguons, dialoguez. **1.** Fracasserais : ce n'est pas sûr, puisqu'il y a une condition ; le verbe est donc au conditionnel. **2.** Pourrons : le fait est certain, il faut le futur de l'indicatif. **3.** Ne mangent-ils que cela ? À la forme interrogative, le sujet doit être inversé. **4.** Davantage : dans certaines formulations, *plus* peut être entendu comme *aucun/e*. **5.** Quel temps il fait : dans le discours indirect, la forme interrogative est écartée. **6.** De Marseille : *depuis* introduit une distance temporelle (*depuis* longtemps) et non spatiale.
À vous de traduire. Je vous le répète ***~~encore~~*** (répéter, c'est dire encore) : vous avez réussi ***grâce à*** votre ténacité (*à cause de* est négatif), c'est ***tout simplement*** magnifique ! Vous me ***montrerez*** (*montrer*, c'est déjà *faire voir*) vos résultats ? Nous pourrions débattre ***~~ensemble~~*** (on ne débat pas seul) du sujet. Je devrais rentrer à ***~~environ~~*** (*environ* introduit déjà une alternative : *ou... ou*) 13 ou 14 heures. Je ferai en sorte ***~~de tâcher~~*** (*faire en sorte*, c'est *essayer de*, *tâcher de*) d'être là au plus tôt. Nous nous entretiendrons ***~~mutuellement~~*** (*entretenir* contient déjà la notion d'échange) de vos projets. Cela ne devrait durer ***~~seulement~~*** (ne ... que = seulement) qu'une petite heure. ***Je pourrais être en mesure de*** (*pouvoir* signifie *rendre possible*) vous aider, ou sinon ma fille, qui est ***~~particulièrement~~*** excellente (*excellente* a déjà une valeur de superlatif) conseillère en la matière. Il suffit ***~~simplement~~*** (pléonasme) que je vérifie qu'elle est disponible. Je ne voudrais pas ***~~trop~~*** abuser (*abuser*, c'est déjà *trop* solliciter) de son temps. ***C'est*** même hors de question (*il en est même* est, en l'occurrence, un barbarisme) ! Vous ***vous souvenez d'elle*** (*remettre quelqu'un* pour *se rappeler* ou *se souvenir de* quelqu'un est très relâché) ? Elle était venue ***en réponse*** (*suite à* est familier) à votre invitation, en juin. Je l'appelle ***immédiatement*** (dans ce sens – et non comme dans *il a joué deux fois de suite* –, *de suite* est inapproprié ; en revanche, *tout de suite* est correct).

Conception et réalisation : MediaSarbacane
Illustrations : Claire de Gastold
Éditorial : Clémence Albert, Frédéric Lepage
Photographie de la couverture : © Pingouin

11-13, boulevard Paul-Émile-Victor – Île de la Jatte – 92521 Neuilly-sur-Seine Cedex
www.michel-lafon.com

Imprimé en France par Corlet
Dépôt légal : juin 2012
N° d'impression : 146355
ISBN : 978-2-7499-1669-9
LAF 1632